위대하고
여리석은
인간의
이성

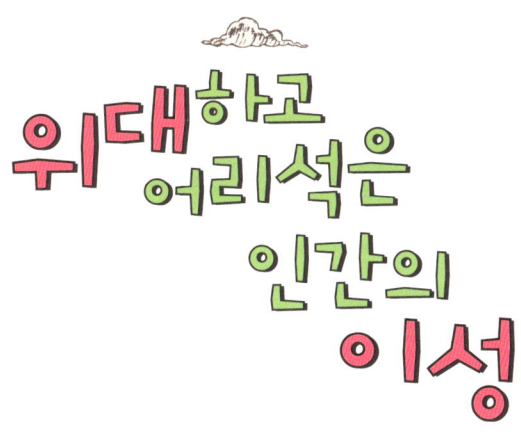

위대하고 어리석은 인간의 이성

박영욱 지음

㈜자음과모음

책머리에

이성의 위대함과 어리석음을 함께 가르쳐 준 칸트

　독일의 철학자 칸트 아저씨는 곧잘 철학계의 갈릴레이로 비유됩니다. 갈릴레이가 과학의 흐름을 뒤바꾸어 놓았듯이, 칸트 아저씨 역시 철학의 흐름을 뒤바꿨다는 평가를 받는 것이지요.

　우리 눈에는 분명 해가 동쪽 하늘에서 떠서 서쪽으로 집니다. 해와 달이 지구 주위를 돈다는 주장이 당연해 보였습니다. 당시 지구가 돈다는 것은 말도 안 되는 이야기였을 것입니다. 우리 눈에는 확연하게 해와 달이 도는 것처럼 보이니까요.

　우리는 지금 지구가 태양 주위를 돈다는 지동설을 상식

으로 알고 있습니다. 지동설을 주장한 갈릴레이의 위대함은 눈에 보이는 대로 믿지 않고 우리의 눈을 의심한 데 있었답니다. 우리의 생각은 눈에 보이는 것을 그대로 믿는 어리석음에 빠지지 않을 만큼 위대한 것이지요. 어떤 뛰어난 동물도 우리처럼 볼 수는 있지만 우리처럼 생각할 수는 없습니다.

여러분이 칸트 아저씨의 이야기를 읽다 보면 우리의 생각하는 능력이 얼마나 위대한지 깨닫게 될 거예요. 덧셈과 뺄셈을 하는 것도, 컴퓨터와 로봇을 만드는 능력도 눈에 보이는 것만 믿지 않고 새롭게 생각하는 데서 비롯되었다는 것을 칸트 아저씨는 여러분에게 가르쳐 주고 있어요.

그런데 칸트 아저씨는 위대한 힘인 우리의 생각하는 능력, 즉 이성을 고발하고 법정에 세웁니다. 왜 그럴까요?

이 세상 모든 것들은 적절하게 사용하면 약이 되지만 지나치게 사용하면 독이 됩니다. 옛날에 한 아프리카 사람이 배가 아파서 서양인 선교사에게 약을 얻으러 갔습니다. 그러곤 선교사가 준 알약 하나를 먹고 한참 후 배가 씻은 듯이 나았습니다. 다음번에 또 배가 아프자 그 아프리카 사람은 꾀를 냈습니다. 약을 몰래 통째로 훔친 것입니다. 그리고 한

꺼번에 먹어 치웠습니다. 아픈 배가 완전히 나을 줄 알았던 거지요. 아프리카 사람은 죽었습니다.

생각하는 능력도 약과 마찬가지입니다. 잘 사용하기 위해서는 한계를 깨달아야 합니다. 우리가 생각할 수 있는 능력의 한계를 모르고 과신하다가는 오히려 이성이 병들 수도 있습니다.

어느 날 갑자기 세상 모든 것들을 다 알게 되었다거나 우주의 이치를 다 깨닫게 되었다는 식의 과신은 사람들을 현혹시키고 잘못된 방향으로 나아갈 수 있습니다.

분명 생각하는 힘은 위대하지만, 그 위대함이 모든 것을 다 해 줄 수는 없습니다. 칸트 아저씨의 이야기를 통해서 여러분은 생각하는 힘의 위대함과 그것의 한계를 동시에 배울 수 있을 것입니다.

차례

책머리에 이성의 위대함과 어리석음을 함께 가르쳐 준 칸트 5
프롤로그 세계 풍물 시장에서 칸트를 만나다 16

1 코페르니쿠스 혁명, 생각을 뒤엎다

바닥이 돈 거라고? 23
왜 하늘이 돈다고 생각했을까? 34
코페르니쿠스의 혁명 42

철학자의 생각 47
즐거운 독서 퀴즈 50

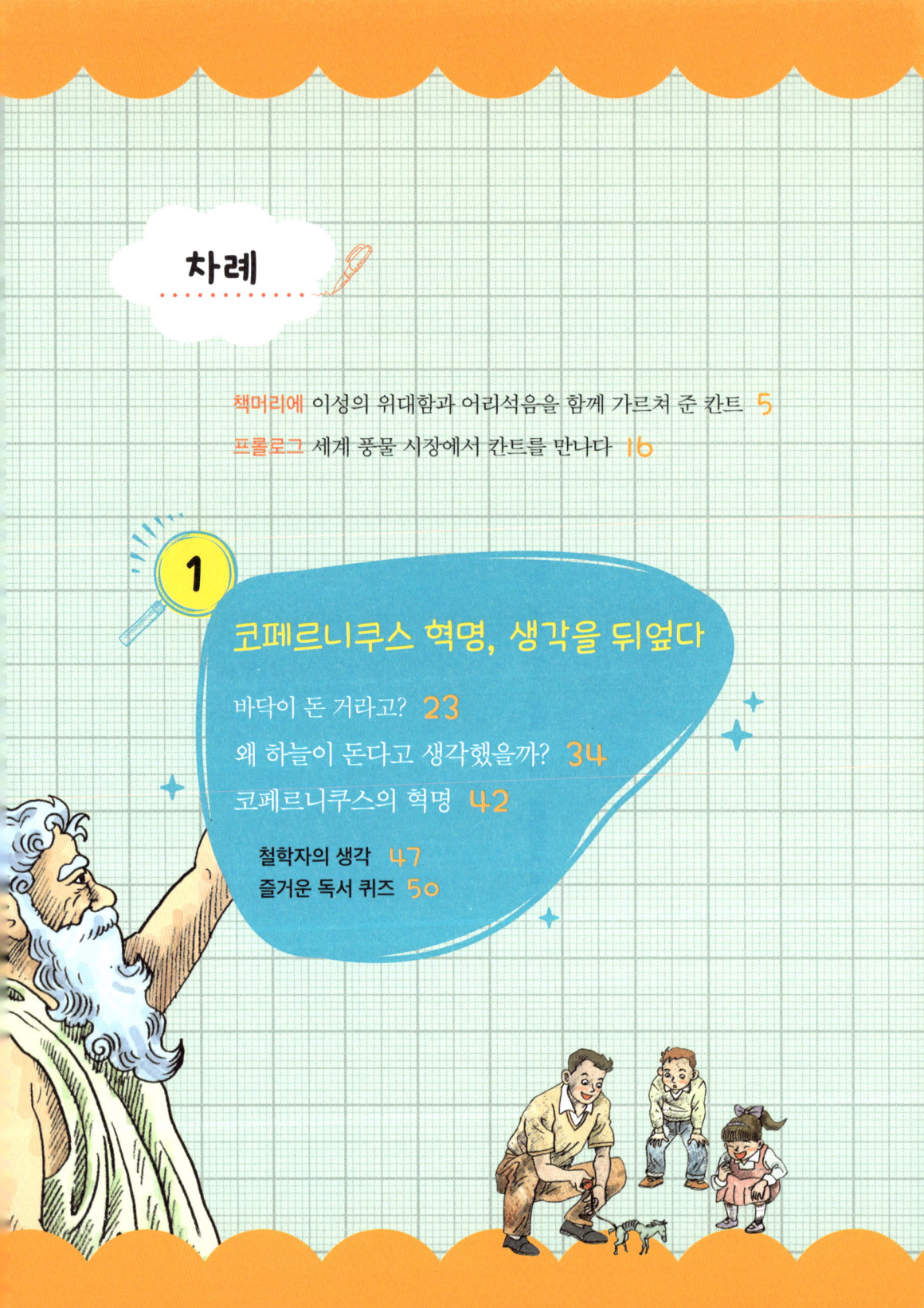

2 칸트, 철학계의 코페르니쿠스

피에로의 신기한 안경 55
어떤 것이 진짜 모습일까? 61
코페르니쿠스적 전환 66
우물 안 개구리 73
자신의 눈을 의심한 칸트 77

  철학자의 생각 83
  즐거운 독서 퀴즈 86

3 이성을 법정에 세우다

내세를 파는 사기꾼을 고발합니다 91
이성을 고발한 칸트 103
경험만으로는 다 알 수 없어요 112

  철학자의 생각 117
  즐거운 독서 퀴즈 120

4 생각할 수 있다고 아는 것은 아니야

케밥과 커리 125
생각하는 것과 아는 것은 달라 134
바보 동네 이야기 138
생각은 할 수 있지만 알 수 없는 것이 많아 144

철학자의 생각 154
즐거운 독서 퀴즈 158

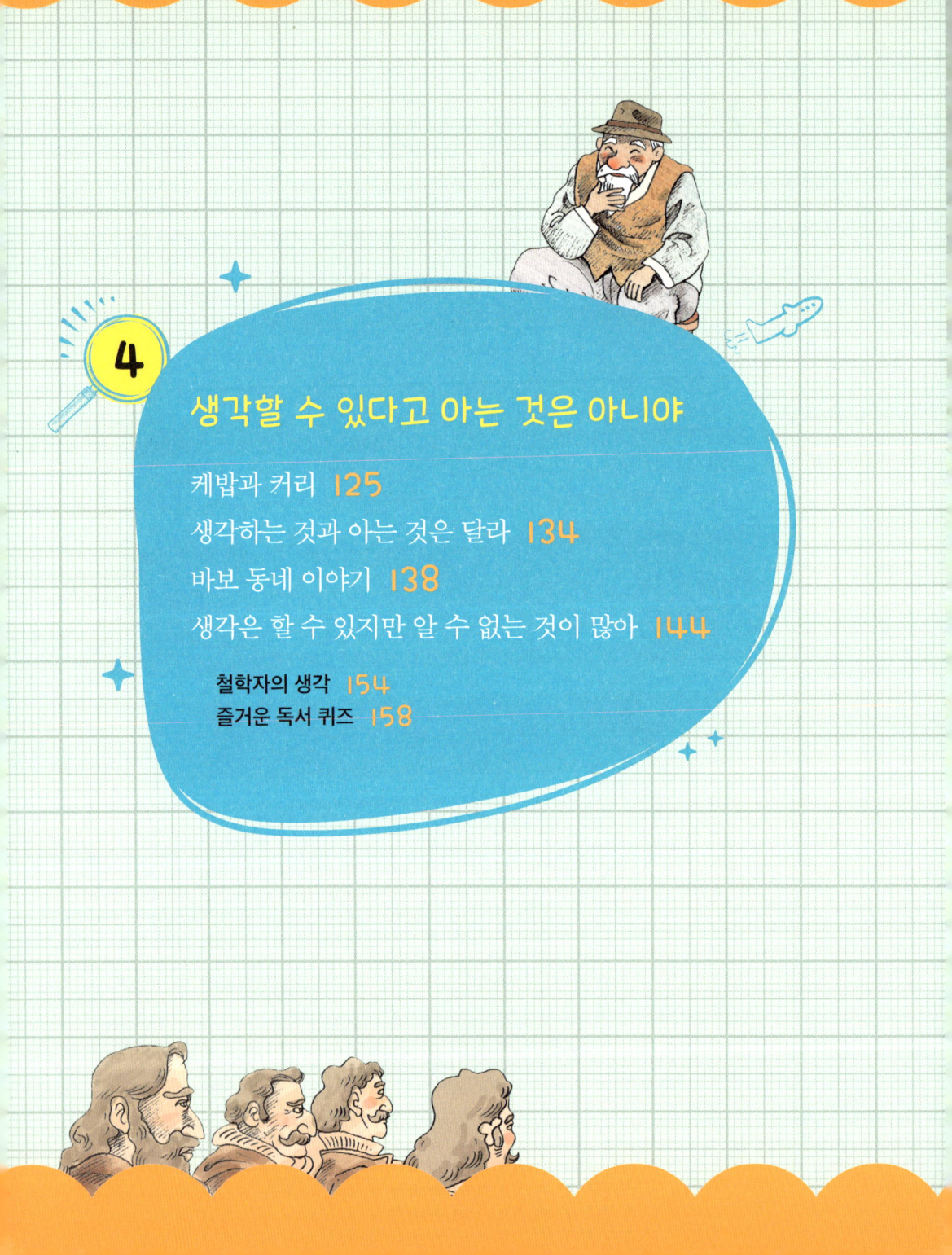

5 안다는 것

원 그리기 163
아는 것 = 경험 + 개념 168
지식보다 더 소중한 것 172

철학자의 생각 184
즐거운 독서 퀴즈 186

네 생각은 어때? 문제 풀이 188

등장인물

건미

세상일에 호기심 많은 귀여운 소녀. 사촌지간인 태진이, 태식 오빠와 함께 청계천 세계 풍물 시장에 놀러 가서 놀라운 체험을 하며 철학의 즐거움에 빠진다. 아는 척을 많이 하는 태진이와 티격태격, 설왕설래하지만 속으론 똑똑한 태진이가 좋다. 아는 게 많고 생각이 깊은 척척박사 태식 오빠와 많은 질문과 대화를 나누며 칸트 철학의 세계로 들어간다. 보는 것과 아는 것, 생각하는 것을 다시 생각하게 해 주는 칸트의 철학을 건미는 어떻게 이해했을까?

태진

아는 걸 뽐내기 좋아하는 호기심 대장. 아는 척을 너무 많이 해서 건미와 늘 경쟁 관계이지만 포기하지 않는 탐구 열정만은 일등이다. 의문이 안 풀리면 답을 찾을 때까지 질문하고 연구한다. 모르는 게 없는 태식 형과도 가끔 논리 대결을 펼치며 옥신각신한다. 눈에 보이는 세상이 진짜 세상은 아니다! 알쏭달쏭한 칸트의 말로 시작된 논쟁에서 태진이는 과연 논리왕 태식 형을 이길 수 있을까?

태식

태진이의 친형이자 건미의 사촌오빠. 세상을 관찰하기 좋아하는 지적인 대학생이다. 생각이 깊고 공부를 많이 해서 뭐든지 척척 대답해 준다. 세계 풍물 시장에서 건미, 태진이와 왜곡 안경 체험, 타로점 보기, 케밥 만들기, 자치기 놀이 등 다양한 체험 활동을 하며 칸트 철학을 만나게 해 준다. 말싸움을 잘하는 태진이와 질문 많은 꼬마 소녀 건미와 나누는 흥미진진한 칸트 이야기는 무엇일까?

인간의 이성을 탐구한 철학자
칸트

1724년 프로이센의 쾨니히스베르크에서 태어나 말발굽과 채찍을 만들어 파는 가난한 아버지 밑에서 자랐다. 평생 고향을 떠나지 않고 인간 이성에 관해 탐구하며 학생들을 가르쳤다. 칸트는 '나는 무엇을 알 수 있는가?' 즉 인간의 앎(인식)이 얼마나 가능한지를 탐구했다. 파란 안경으로 바라본 세상이 파란색으로 보인다고 세계가 파랗다고 주장할 수 없듯이, 인간이 보고 생각하는 인식에 한계가 있다고 생각했다. 따라서 우리가 본 것, 생각하는 것, 아는 것은 현상을 경험하는 것뿐이지, 실제 사물 자체의 참모습은 아니다. 칸트는 인식될 수 있는 현상의 세계에서만 참과 거짓을 논의해야 하며, 인식될 수 없는 사물 자체를 인식될 수 있는 세계라고 말하면 안 된다고 주장했다. 또한 인간 인식의 한계를 깨닫고 보이는 현상과 인식할 수 없는 사물 자체를 구분할 수 있는 분별력을 길러야 한다고 했다. 경험론과 합리론이 지배하던 당시의 인식 방법을 완전히 뒤엎었기에 칸트는 자신의 생각 방법을 '코페르니쿠스적 전환'이라고 말했다.

프롤로그

세계 풍물 시장에서 칸트를 만나다

건미는 아침부터 싱글벙글합니다.

"제발 화장실 불 좀 꺼!" 엄마 잔소리에 짜증 날 법도 한데요. 평소 같으면 '내가 안 그랬단 말예요!' 하고 소리를 버럭 질렀어야 할 건미가 오늘은 말 잘 듣는 강아지처럼 얌전하게 불을 끕니다. 아침 식사 시간에도 이것저것 핑계 삼아 반찬 투정에 겨우 먹는 시늉만 했는데 오늘은 뭐가 그리 좋은지 혼자 이죽이죽 웃다가는 밥을 한 숟가락씩 입에 넣습니다.

"괜한 말썽 피우지 말고 오빠 말 잘 듣고, 여기저기 해찰하지 말고 잘 따라 다녀야 해. 알겠니?"

"네!"

건미는 큰 소리로 대답하며 숟가락을 든 채 경례를 붙입니다. 뭔가 좋은 일이 있는 것이 분명한데…….

그렇습니다. 오늘은 건미가 제일 좋아하는 사촌오빠 태식이와 건미의 동갑내기 태진이가 놀러 오기로 한 날입니다.

태식 오빠는 대학생입니다. 얼굴도 잘생겼고 키도 큽니다. 목소리도 얼마나 멋있는지 영화배우 같다니까요! 무엇보다 태식 오빠는 아주 똑똑해서 아는 것이 많습니다. 이야기보따리를 숨기고 다니는 듯 신기하고 놀라운 이야기도 많이 해 줍니다. 오빠와 함께 있으면 하루 종일 재미있는 이야기를 들을 수 있어서 지루하지 않아요.

태진이는 태식 오빠와 무려 열두 살 차이가 나는 친형제입니다. 사람들은 보통 띠 동갑 형제라고 합니다. 고모가 늦둥이로 낳은 아이가 태진이에요. 태진이는 태식 오빠와 달리 얼굴이 둥글고 장난기가 많아 보입니다. 태진이가 태식 오빠와 닮은 점이 있다면, 많이 안다는 점입니다. 당연한 얘기이지요. 저렇게 아는 것이 많고 다양한 이야기를 들려주는 친오빠가 있다면 건미도 똑똑한 아이가 되었겠지요. 태진이가 태식 오빠와 확실히 다른 점은 너무 잘난 체를 한다는 것입니다. 마치 세상 모든 걸 다 알고 있는 양 언제나 아는 체하기 바쁜 아이입니다. 그래서 건미와 태진이는 늘 아옹다옹하지요.

어쨌든 건미가 좋아하는 태식 오빠와 그래도 친척 중 유일하게 친구처럼 지내는 태진이가 집에 온다는 건 너무나 신나는 일입니다. 게다가 오늘은 '세계 풍물 시장'에 가기로 한 날이거든요.

청계천이 복구되면서 조성된 공원은 언제나 새로운 공연들로 사람들이 북적거리는 명소가 되었습니다. 세계 풍물 시장이 열리는 곳도 바로 청계 광장입니다. 그리 큰 규모는 아니지만 여러 나라의 물건을 팔거나 풍물을 소개하기도 한답니다.

태식 오빠도 가 본 적이 없어서 어떤 곳인지 잘 모른다고 했습니다. 그래서 우리는 그곳이 실제로 어떨지 무척 궁금했습니다. 세계 풍물 시장이라는 이름을 떠올리며 여러 가지를 상상해 볼 뿐이었지요.

'세계의 값진 보물이나 유물들이 화려하게 전시되어 있고, 여러 나라 고유의 문화를 체험할 수 있겠지?'

그리스 신화에 관심이 많은 건미는 그리스 풍물이 너무

나 궁금합니다. 건미는 세계 풍물 시장이 아주 멋지리라는 생각에 기분이 좋아집니다.

그런데 웬일이지요? 주말이어서 그런지 청계천으로 가는 길이 막히는 바람에 우리는 차 안에서 꼼짝달싹 못 하고 있습니다. 말 그대로 서 있는 주차장이네요.

어? 근데 왜 이래?

"악! 태식 오빠, 브레이크 밟아요! 차, 차가 뒤로 밀리고 있어요!"

태식 오빠는 눈이 동그래져서 건미를 바라보았지요. 건미는 차 안에 달려 있는 손잡이에 거의 매달리다시피 한 채 겁에 질려 있었어요. 그때 자는 줄 알았던 태진이가 벌떡 일어나더니 갑자기 배꼽을 잡고 웃는 게 아니겠어요?

"하하하하! 바보야, 차가 왜 뒤로 밀리겠냐? 이 내리막길에서……. 다른 차가 움직이니까 멈춰 있던 우리 차가 밀리는 것처럼 착각한 거지! 헤헤."

태식 오빠도 빙그레 웃습니다. 그러고 보니 차창 밖의 차들이 조금씩 움직이는 것도 같습니다. 호들갑을 떤 건미는 부끄러운 마음에 괜히 태진이를 노려봅니다.

'에이그! 저 잘난 척!'

머리 위에는
별이 반짝이는 하늘,
내 마음에는 도덕률
　　　　　—칸트

1

코페르니쿠스 혁명, 생각을 뒤엎다

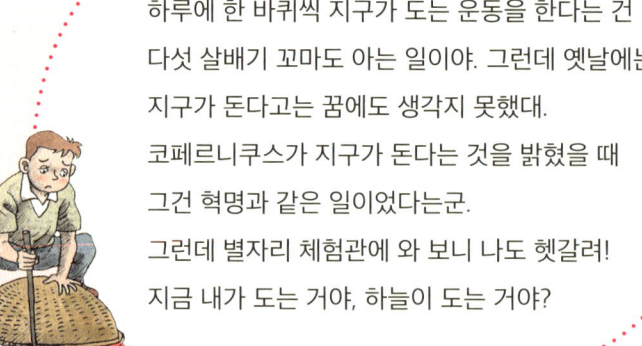

하루에 한 바퀴씩 지구가 도는 운동을 한다는 건 다섯 살배기 꼬마도 아는 일이야. 그런데 옛날에는 지구가 돈다고는 꿈에도 생각지 못했대.
코페르니쿠스가 지구가 돈다는 것을 밝혔을 때 그건 혁명과 같은 일이었다는군.
그런데 별자리 체험관에 와 보니 나도 헷갈려!
지금 내가 도는 거야, 하늘이 도는 거야?

바닥이 돈 거라고?

'세계 풍물 시장'이라고 쓰인 현수막이 걸려 있고, 그 주변에는 만국기가 바람에 펄럭인다.

행사장 입구에 들어서면서부터 건미의 얼굴은 잔뜩 일그러져 있다. 태식 오빠와 태진이는 여유롭게 행사장으로 걸어 들어갔지만, 여기저기를 둘러보던 건미는 뭔가 불만이 가득 찬 표정이다.

"시시해!"

건미가 툭 내뱉었다.

태식 오빠는 가만히 웃고만 있었다.

"그럼 뭐, 별거 있을 줄 알았냐? 다 뻔한 거지 뭐!"

태진이는 울상이 되려는 건미를 약 올렸다. 세계 풍물 시장보다 건미를 놀리는 것이 더 재미있는 듯했다.

건미가 생각했던 세계 풍물 시장은 이런 것이 아니었다. 화려한 등불로 장식된 입구에서부터 잘 알 수는 없지만 이국적인 음악이 흘러나오고, 세계 각국의 상징물들이 거대한 입체 모형으로 장식되어 있는 그런 곳일 거라고 상상했다. 그런데 입구에서 펄럭이는 만국기는 여느 재래시장이나 상점 오픈 행사 때마다 보았고, 좌판에 늘어놓은 물건이나 천막으로 쳐 놓은 체험관은 초라하기 그지없었다. 게다가 세계 각국 사람들로 북적이기는커녕, 몇몇 외국인을 제외하고는 모두 한국인이었다. 좌판에 내놓고 파는 물건들도 조악한 장신구나 장난감, 생활용품 정도였다. 그야말로 그냥 장터였다.

입이 뾰로통하게 나온 건미에게 태식 오빠가 가만히 말을 건넸다.

"왜? 생각했던 것보다 많이 달라서 실망이 크구나?"

"너무 시시해요."

건미가 오빠에게 말했다.

"어허! 초라하고 보잘것없어 보이는 것도 다 쓸모가 있

어 세상에 존재하는 법! 그것을 바라보는 사람에 따라 그 쓸모가 다르게 느껴지는 것이니라! 에헴."

태진이가 도사 같은 목소리를 흉내 내며 말했다. 건미는 약이 올라 태진이를 노려보았다.

"저 잘난 척! 흥!"

태식 오빠는 "하하하" 웃더니 건미의 손을 잡았다.

"우리 건미가 그리스 신화에 관심이 많다고 했지? 저쪽에 별자리 체험관이 있는데 한번 가 볼까?"

태식 오빠의 부드러운 목소리에 마음이 조금 풀리는 듯했다. 태식 오빠는 언제나 상대방의 마음을 헤아려 주려고 노력하는데, 태진이는 어쩜 늘 약만 올릴까? 건미는 태진이가 몹시 얄미웠다.

별자리 체험관은 검은 천막으로 둘러싸여 있었다. 보통 놀이동산에서 보았던 과학 체험관을 떠올린다면 정말 형편없는 곳이었지만, 태진이 말대로 좀 긍정적으로 생각하기로 한 건미는 천막 안으로 들어가 보았다.

천막 안은 생각했던 것보다 넓었다. 환하게 불이 켜진 실내에 들어서자 안내원이 둥근 원 안으로 올라서라고 말했다. 그리고 원 주위에 세워진 봉을 잡고 기대어 하늘을 바라보라고 했다.

'조악하기 짝이 없네. 보통은 안락한 의자를 뒤로 젖혀 편안하게 앉을 수 있게 되어 있는데……. 아 참! 긍정적으로 생각하기로 했지?'

예닐곱 사람들이 원 안으로 올라와 봉을 잡고 몸을 뒤로 젖혀 하늘을 바라보았다. 그냥 천막의 천장이 보일 뿐이었다. 급기야 일제히 불이 꺼지고 갑자기 어두워졌다. 순간 암흑 속에 빠져든 것 같아 숨이 턱 막혔다.

태진이와 태식 오빠가 옆에 있는지 없는지도 분간이 안 되었다. 어둠이 주는 무게에 눌려 건미는 한마디도 입 밖에 낼 수가 없었다. 숨소리를 죽여 겨우 숨을 쉬고 있었다. 그때 하늘 한가운데에서 별 하나가 반짝였다. 북극성이었다. 숨이 좀 트이는 듯했다. 그리고 그 주변에 하나하나 별이 떠오르기 시작했다.

처음으로 겨울철에 볼 수 있는 별들이 나타났다. 겨울철에는 다른 계절보다 일등성들이 많고 또 날씨가 맑아서 별을 관측하기도 좋다고 한다. 겨울철 별자리는 육각형을 이루는 별들이 많았다. 마차부자리의 카펠라, 쌍둥이자리의 폴룩스, 작은개자리의 프로키온, 큰개자리의 시리우스, 오

리온자리의 리겔, 황소자리의 알데바란…….

봄 하늘에서 별자리들을 찾으려면 먼저 사자자리, 처녀자리, 그리고 목동자리를 찾아서 다른 별자리들을 찾는 길잡이로 삼는 것이 좋다고 한다. 봄 하늘의 길잡이인 이 세 개의 별자리들은 우리에게 가장 잘 알려진 북두칠성에서 출발하면 쉽게 찾을 수 있다.

여름 밤하늘의 별들 중에서 가장 눈에 잘 띄는 것은 거문고자리의 직녀성과 독수리자리의 견우성, 그리고 백조자리의 데네브이다. 여름철 별자리를 찾기 위해서는 우선 이 세 개의 별부터 찾아야 한다. 세 별은 거의 같은 밝기로 커다란 삼각형을 형성하고 있는데, 이것을 '여름밤의 대삼각형'이라고 부른다.

건미는 하늘에 뜬 별들을 따라서 삼각형을 그려 보았다.

"여름밤을 밝게 비추던 여름밤의 삼각형이 서북쪽으로 기울면, 가을 하늘에는 가을밤의 사각형이라고 불리는 페가수스자리를 선두로 안드로메다 공주, 영웅 페르세우스가 차례로 나타나고, 북쪽 하늘에는 이 가족의 가장인 케페우스 왕이 카시오페이아 왕비를 대동하고 나타납니다. 가을 밤하늘에는 화려한 일등성들이 많지 않지만 여러 별자리들

이 같은 이야기 속에서 서로 가깝게 연결되어 있어서 전설이 아로새겨진 커다란 그림책 같아 보인답니다."

어둠 속에서 별들이 총총 뜰 때마다 안내원의 친절한 설명이 이어졌다. 흥미진진했다. 특히 건미는 자신이 좋아하는 여름 별자리인 거문고자리의 전설이 흘러나올 때는 귀를 쫑긋 세우고 들었다.

"오르페우스는 거문고를 잘 켰어요. 그는 아름다운 에우리디케와 결혼하여 행복하게 살았는데, 어느 날 에우리디케가 독사에 물려 죽어 버렸지요. 너무나 슬펐던 오르페우스는 지하에 있는 죽음의 나라를 찾아가 플루토에게 거문고를 연주해 줄 테니 아내를 다시 살려 달라고 했답니다. 오르페우스의 거문고 소리에 감동한 플루토는 에우리디케를 보내 주었어요. 그런데 플루토는 오르페우스에게 말하기를, 지하 세계를 벗어나기 전까지는 절대로 뒤를 돌아 아내를 쳐다보지 말라고 했습니다. 하지만 아내가 진짜 있는지 의심이 생긴 오르페우스는 햇빛에서 두 걸음 떨어진 곳에서 뒤를 돌아보고 말았어요. 에우리디케는 다시 지하로 끌려갔고 오르페우스는 너무 슬펐던 나머지 물에 몸을 던져 죽었답니다. 그리고 제우스는 오르페우스의 거문고를 하늘로 던졌는데, 이것이 거문고자리가 된 것이지요."

아름다운 사랑 이야기지만 너무나 안타까운 사연을 담은 별자리의 전설을 들으면서 건미는 어디선가 거문고 소리가 들리는 것만 같은 착각에 빠져들었다.

암흑뿐인 하늘에 아름답게 수놓아진 별들을 바라보며 건미는 저도 모르게 입가에 웃음이 번졌다. 이제 하늘은 온통 별들로 환하게 밝혀졌다. 그제야 옆자리의 태진이와 태식 오빠도 희미하게 모습을 드러냈다.

별들로 온통 환히 밝혀진 밤하늘이 뱅글뱅글 돌자 머리가 어찔했다. 수많은 별들을 한꺼번에 보니 블랙홀에 빠져드는 것처럼 몸이 저 별들 속으로 빨려 들어갈 것만 같았다. 순간 하늘이 멈추더니 다시 암흑……. 그리고 멀리 푸른 별, 지구가 보이고 여러 행성들이 보였다. 아마 우주 공간으로

나왔나 보다. 건미는 너무나 황홀한 광경에 정신이 혼미했지만 마음이 확 트이는 것 같았다.

그리고 다시 암흑!

감탄하는 소리가 여기저기서 쏟아져 나왔다. 건미도 "아!" 하고 탄성을 질렀다.

천막 안이 다시 환해졌다. 누가 먼저랄 것도 없이 사람들이 박수를 쳤다.

건미는 별자리 체험관 천막을 나오면서 재잘댔다.

"정말 너무 멋져! 저렇게 많은 별들을 한꺼번에 볼 수 있다니! 나는 밤하늘에 그렇게 많은 별들이 있다는 사실도 몰랐어. 하늘이 빙빙 도는데 정말 머리가 어찔할 정도였다니까!"

"어쭈, 아까는 뭐 시시하다더니! 그리고 이 바보야! 하늘이 돌긴 왜 도냐? 바닥이 돈 거지."

태진이가 건미에게 살짝 꿀밤을 먹인다.

"뭐? 바닥이 돌았다고?"

건미는 꿀밤 맞은 머리를 쓰다듬으며 물었다.

"그래, 왜 봉을 잡고 있으라고 했는지 넌 몰랐구나? 하늘이 돌면서 별자리를 보여준 것 같지만 우리가 서 있던 원판

이 돌았던 거야. 우리가 돌면서 하늘의 별들을 본 거지."

　태진이가 설명을 하자 건미는 잘난 척하는 녀석이 얄미웠지만, 그건 정말 몰랐던 사실이었다.

　"난 정말 하늘이 도는 거라고 착각했어."

　"하하하, 그래 그럴 수 있지. 우리는 바닥을 보고 있었던 것이 아니라 하늘을 보고 있었으니까."

　태식 오빠가 건미를 이해한다는 듯이 도닥거려 주었다.

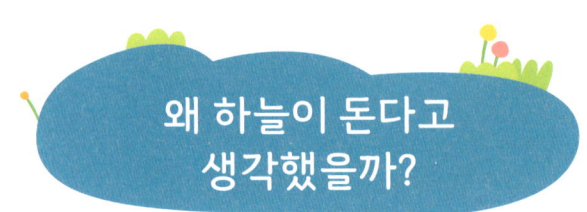

왜 하늘이 돈다고 생각했을까?

"건미는 혹시 코페르니쿠스라는 이름을 들어 본 적 있니?"

태식 오빠의 물음에 건미가 대답하려 하자 태진이가 나섰다.

"당근! 지동설을 발견한 과학자지!"

"뭐? 지동설을 발견했다고? 하하하! 지동설이란 이론 혹은 학설을 말하는 거니까 발견했다고 표현하는 게 아니지. 발견이란 사람들에게 알려지지 않았던 무언가를 찾아내는 거니까. 예를 들면 콜럼버스가 아메리카 대륙을 발견한 거라든지……."

태진이가 태식 오빠의 말을 끊었다.

"알아, 안다고. 발견도 알고 콜럼버스도 알고 다 안다니까. 그냥 말이 잘못 나온 거지!"

"치, 태진이는 꼭 자기가 잘못한 것은 실수라고 우긴다니까. 솔직히 몰랐으면서!"

태진이의 실수가 건미에게는 유일하게 놀릴 수 있는 기회이다.

"어쨌든 지동설이 뭔지는 알고 있지?"

태식 오빠가 묻자 이번엔 건미가 말을 가로챘다.

"네, 지구가 돈다는 거죠. 태양 주위를요."

"맞아, 지동설의 반대는?"

"천동설! 천동설은 지동설과 반대로 지구는 움직이지 않고 태양이나 다른 행성들이 모두 지구 주위를 돈다고 주장하는 거야."

이번엔 태진이가 대답했다.

건미와 태진이는 경쟁하듯 서로 아는 것을 먼저 대답하기 바빴다.

태진이는 열두 살 차이는 나지만 친형인 태식한테 반말을 했지만 건미는 대학생 오빠가 어른스러워서 말을 놓지 못했다.

"그래, 다들 잘 아는구나."

태식 오빠의 칭찬에 두 사람은 우쭐한 기분이 들었다.

"그럼, 지동설과 천동설 중 어느 것이 맞을까?"

"지동설요!"

"지동설!"

태진이와 건미가 합창하듯 말했다.

"당연한 거 아니야? 그건 누구나 다 알고 있는 사실이라고. 형은 왜 자꾸 그런 시시한 걸 물어봐?"

"맞아, 너무 당연한 얘기지. 그런데 말이야, 사람들이 지구가 돈다는 걸 알게 된 지는 불과 몇백 년밖에 안 되었어. 그 이전에는 천동설을 믿었지. 몇천 년 동안이나 말이야."

태식 오빠의 말에 태진이가 팔짱을 꼈다.

"그거야 당연한 일이지, 뭐. 그 당시 사람들은 과학 지식이 없었을 테니까!"

"태진이는 그렇게 쉽게 말하지만, 사실 천동설을 주장한 사람들이 그렇게 무식해서 그랬을까? 그건 아니야."

"그러면요?"

건미가 눈을 동그랗게 뜨면서 물었다.

"아까 건미가 착각했던 것과 똑같은 이유야. 우리가 타고 있는 차가 멈춰 있고 다른 차들이 움직였는데 마치 우리가 뒤로 밀린다고 착각한 것도 그렇고, 별자리 체험관에서 우리가 서 있는 원판이 돌고 있는데 하늘이 도는 것처럼 보이는 것도 마찬가지지."

건미의 눈이 더 동그래졌다.

"하늘을 보고 있으면 태양이나 별들이 움직이는 것처럼 보이니? 아니면 우리가 서 있는 바로 이 지구가 움직이는 것처럼 보이니?"

"그거야 당연히 태양이나 별이 움직이는 것처럼 보이죠."

건미는 뭔가 알 것 같기도 하고 모를 것 같기도 하고, 머리가 어지러웠다.

"우리 눈에 보이는 대로 설명하자면 천동설이 더 타당하지 않겠니?"

건미와 태진이는 고개를 끄덕였다.

"근데, 형! 왜 그 당시 사람들은 지구가 태양의 둘레를 돈다는 사실을 알지 못했을까?"

세상에! 모르는 게 없는 것처럼 으스대는 태진이가 질문을 다 하네?

"음, 그건 두 가지 이유야. 먼저 종교적인 이유 때문이었지."

"알아! 코페르니쿠스가 15세기 초 유럽 사람이잖아. 당시 유럽 사회에서는 가톨릭교회가 중심이었고 말이야. 그들은 자신들이 정해 놓은 교리에 대해 굉장히 엄격했다고 책에서 읽은 적이 있어."

말문이 터진 태진이의 얘기가 계속 이어졌다.

"그 교리는 교회 생활에서만 적용되는 것이 아니라 온갖 것에도 다 적용이 되었다지. 심지어는 음악도 정해 놓은 규칙에 맞지 않으면 작곡가를 이단으로 몰아서 종교재판에 넘겼다며? 당연히 과학자도 마찬가지고. 교리에 맞지 않는 학설을 주장하는 과학자가 있으면 곧장 종교재판을 받게 했다고 들었어. 그러니까 천동설은 가톨릭교회가 정해 놓은 교리였던 거야, 맞지?"

역시나 아는 척을 하는 태진이의 말이었다.
"아하! 그래서 갈릴레이가 교리에 맞지 않는 지동설을 주장했다고 종교재판에 넘긴 거구나. 그리고 결국 자신의 주장을 굽히고 감옥에서 나오면서 그 유명한 말을 남긴 거고? '그래도 지구는 돈다'라는……."

건미도 자신이 알고 있는 지동설에 대해 한마디 했다.

"그래, 모두 잘 알고 있구나. 성경에 따르면 온 우주의 존재들 중에서 유독 인간이야말로 신의 형상을 닮은 유일한 존재이고, 또 가장 뛰어난 신의 피조물이라고 하지. 그러니 인간이 사는 지구야말로 이 우주의 중심이어야 하지 않았을까? 그런데 우주의 중심인 지구가 돈다니, 그건 그들에게 말도 안 되는 일이었을 거야. 당연히 지구를 중심으로 태양이나 다른 행성이 돌아야 하는 거였지."

"말도 안 돼요!"

건미는 이해가 되지 않았다.

"지금 말도 안 되는 것들이 그 당시에는 더 말이 되었다고 하잖아!"

태진이가 공연히 건미를 윽박질렀다.

"그런데 천동설이 그렇게 설득력이 있었던 이유는 단지 종교적인 이유만은 아니었단다. 종교를 떠나서 그냥 보통 사람들이 보기에도 천동설이 훨씬 더 설득력이 있었을 테니까. 잘 생각해 봐! 우리가 보기에 태양은 동쪽에서 떠서 서쪽으로 지잖니? 그리고 별자리는 계절에 따라 이동을 하

고. 우리 눈에 이 모든 것들이 움직이는데 그보다 더 확실한 증거가 어디 있겠어. 그러니 그 당시 사람들은 당연히 천동설을 믿을 수밖에. 이것이 바로 두 번째 이유야."

이번엔 태진이와 건미도 마음이 잘 맞았는지 둘이 마주 보며 고개를 주억거렸다.

네 생각은 어때?

코페르니쿠스가 남긴 다음의 업적 중 여러분은 어느 것이 더 중요하다고 생각하나요? 그리고 그 이유는 무엇인가요?

❶ 당시 일반적으로 믿었던 천동설을 거부하고 지동설이라는 새로운 학설을 제시했다.
❷ 우리 눈에 보이는 것만을 절대적으로 따르지 않고, 오히려 눈에 보이는 것과 다른 생각을 함으로써 '생각한다는 것'의 참된 의미를 보여 주었다.

▶풀이는 188쪽에

코페르니쿠스의 혁명

"지동설을 주장한 코페르니쿠스는 혁명을 일으킨 셈이었어."

태식 오빠가 고개를 끄덕이며 말했다.

"그럼, 코페르니쿠스가 지동설 때문에 전쟁을 일으켰단 말예요?"

건미의 질문에 태진이와 태식 오빠가 동시에 깔깔깔 웃었다. 영문을 모르는 건미는 고개를 갸우뚱했다.

"이 바보! 그만큼 획기적인 사건이란 얘기지."

"너 왜 자꾸 나보고 바보라는 거야? 이 잘난 척아!"

태식 오빠가 쫓고 쫓기는 건미와 태진이를 말렸다.

"혁명이라고 하니까 건미는 전쟁 같은 것을 생각했나 보구나. 혁명이라는 것은 세상을 갑작스럽게 바꾸어 놓을 만한 커다란 사건을 의미해. 아마도 혁명 하면 가장 먼저 떠오르는 것이 1789년 프랑스에서 일어난 프랑스대혁명일 거야. 너희들도 들어본 적 있지?"

"그럼 들어본 적 있고말고. 프랑스대혁명이 얼마나 유명한 사건인데. 건미야, 안 그래?"

태진이의 질문에 건미는 무척 당황했다. 프랑스대혁명이 무엇인지 잘 몰랐기 때문이다. 태진이와 태식 오빠는 어쩜 저렇게 유식한 걸까? 건미는 내심 부끄러웠다.

"어, 그, 그게……. 들어본 것 같기도 하고, 안 들어본 것 같기도 하고…… 하하하……."

건미 얼굴이 빨개진 것을 눈치 챈 태식 오빠는 건미가 무안하지 않게 설명을 시작했다.

"프랑스대혁명은 프랑스를 공화국으로 바꾸어 놓은 사건이야. 그 전에 프랑스는 절대왕정이었단다. 절대왕정은 왕이 국가의 주권을 갖는 것이고, 공화국은 모든 국민이 주권을 갖는 거야. 대한민국은 그럼 뭐겠니?"

"대한민국은 공화국이겠네요?"

건미는 태식 오빠의 친절한 설명에 고마움을 느끼며 대답했다.

"그래, 맞아. 대한민국은 공화국이야. 자, 프랑스대혁명이 왜 대혁명이라고 불리는지 알겠지? 절대왕정을 공화국으로 단숨에 바꾸어 놓았으니까 대혁명이라 불리는 거야. 그런데 프랑스대혁명같이 정치적인 사건만 있는 것이 아니라, 사람들의 생각을 완전히 뒤바꾸어 놓는 것도 혁명이라고 할 수 있어. 가장 대표적인 사례가 코페르니쿠스 혁명이란다."

"알아. 코페르니쿠스 혁명은 천동설에서 지동설로, 사람들이 믿고 있던 생각과 사고방식을 한꺼번에 바꾸어 버린 것이니까."

또 태진이가 나섰다.

"그런데 태진아, 코페르니쿠스 혁명의 진짜 의미는 단지 천동설을 믿는 것에서 지동설이 옳다는 것으로 바꾸어 놓은 것만은 아니야."

태진이의 잘난 척을 태식 오빠가 말려 준 것이 너무 고소해서 건미는 태진이에게 메롱, 하고 혀를 내밀었다.

"코페르니쿠스의 지동설이 지니는 진짜 혁명적인 의미

는, 이 세상을 우리 눈에 보이는 대로만 믿는 태도를 완전히 바꾸어 놓았다는 데 있단다. 아까도 말했지만 우리 눈에는 천동설이 맞는 것으로 보이잖니? 처음에는 코페르니쿠스의 눈에도 분명 태양이 움직이는 것으로 보였을 거야. 지금처럼 위성 사진을 찍을 수 있는 시절도 아니었고, 또 변변한 천체 망원경도 없었던 시대였으니까. 그런데 대담하게도 코페르니쿠스는 우리 눈에 보이는 것과는 전혀 다른 엉뚱한 주장을 한 것이지. 그건 바로 우리 눈을 의심했다는 점이야. 대부분 사람들의 눈에는 천동설이 너무나 당연한 것으로 보였지만, 코페르니쿠스는 그런 눈이 착각일 수도 있다고 생각한 거지.”

“자신이 보는 것을 부정했다는 말이죠?”

보통 사람들은 자신이 착각하고 있다는 사실을 알면서도 그것을 인정하려 하지 않는 태도를 갖기 쉬운데, 코페르니쿠스는 착각이라는 것을 모르는 상태에서도 자신의 눈을 의심했다는 게 건미에게는 너무나 놀라웠다.

“그래, 건미가 아까 차에서 착각을 인정한 것처럼, 코페르니쿠스도 사실을 착각할 수 있겠구나, 하고 자신의 눈을 의심한 거지. 그 이전에는 아무도 자신의 눈을 의심하지 못했으니까."

태진이가 팔짱을 끼며 또 도사 흉내를 냈다.

"음, 한마디로 정리하자면, 눈앞에 드러나는 것만을 그저 믿으려 하지 않고 뭔가 새롭게 생각해서 창조적인 생각을 했다는 말씀!"

"하하하! 그래 내가 똑똑한 두 동생을 두었구나."

태식 오빠는 양손에 태진이와 건미를 잡고 흔들어 댔다.

철학자의 생각

당연한 생각을
의심해 봐!

모두가 믿었던 천동설을 의심한 코페르니쿠스

여러분은 자신의 눈을 얼마나 믿고 있나요? '백 번 듣는 것이 한 번 보는 것만 못하다'라는 속담도 있습니다. 이 속담은 우리가 보는 것에 대한 확고한 믿음을 담고 있어요. 여러분도 보는 것만큼 정확한 것은 없다고 생각하고 있죠?

인류의 과학적 발명에서 가장 대단한 사건 중 하나가 바로 코페르니쿠스의 지동설이랍니다. 코페르니쿠스가 위대한 발명을 할 수 있었던 것은, 수천 번 보았다고 해서 확실하다고 믿어 버리는 것들을 다시 한번 달리 생각해 보았기 때문입니다.

때로 우리 눈이 얼마나 믿을 게 못 되는지 여러분이 직접 한번 실험해 보세요. 가령 투명한 유리잔에 물을 3분의 2가량 넣고 젓가락을 비스듬하게 담가 보세요. 어떤 현상이 일어날까요?

여러분 모두가 알고 있듯이 젓가락이 수면을 기준으로 어긋나 보입니다. 물 바깥으로 나온 젓가락 모양과 물 안에 있는 젓가락 모양이 서로 어긋나서 잘려진 것처럼 보인답니다. 물에 담갔더니 젓가락이 부러져 버린 걸까요? 젓가락을 다시 꺼내 보면 물론 젓가락은 멀쩡하답니다. 젓가락은 변한 게 없는데, 우리 눈에는 어긋나 보이는 것이죠. 그것은 우리 눈에만 그렇게 보이는 것이랍니다.

의심은 새로운 생각을 낳는다

마찬가지로 천동설을 주장한 사람들 역시 눈을 절대적으로 믿었던 사람들이라고 할 수 있죠. 우리 눈에는 분명 아침에 해가 동쪽에서 떠서 저녁에 서쪽으로 지는 것처럼 보이니까요. 밤에는 별과 달이 하늘의 저편에서 반대 방향으로 움직이죠. 그러니 지구가 돈다고 주장하는 것은 미친 사람의 말처럼 들렸을 것입니다.

코페르니쿠스의 위대함은 바로 이런 것이었답니다. 그저 지구가 태양 주위를 돈다는 주장이 중요한 것이 아닙니다. 코페르니쿠스의 위대함은, 모든 사람이 눈에 보이는 것만을 중요하게 생각하고 의심하지 않은 데 반해, 자신의 눈도 믿지 않았다는 것이지요.

여러분이 코페르니쿠스에게서 철학의 정신을 배운다면, 그것은 지동설이라는 학설이 아니라, 다른 사람들과 달리 생각하려고 노력했던 코페르니쿠스의 태도입니다. 그것은 모든 사람이 진실이라고 믿는 당연한 생각까지도 의심하여 진리에 가까워지려는 참된 자세입니다.

즐거운 독서 퀴즈

1 다음은 태식이가 건미와 태진이에게 들려준 말이에요.
( ) 안에 알맞은 말을 넣어 보세요.

> "그래, 맞아. 대한민국은 공화국이야. 자, 프랑스대혁명이 왜 대혁명이라고 불리는지 알겠지? 절대왕정을 공화국으로 단숨에 바꾸어 놓았으니까 대혁명이라 불리는 거야. 그런데 프랑스대혁명같이 정치적인 사건만 있는 것이 아니라 사람들의 생각을 완전히 뒤바꾸어 놓는 것도 혁명이라고 할 수 있어. 가장 대표적인 사례가 (   ) 혁명이란다."

정답

산업혁명

2 사람들이 당연하다고 믿는 것을 완전히 뒤바꾸어 버리는 사고 방법을 '코페르니쿠스 혁명'이라고 해요. 다음은 코페르니쿠스가 주장한 지동설을 설명한 내용이에요. 맞으면 ○, 틀리면 × 표시를 해 보세요.

❶ 태양이 태양계의 중심에 있고 행성들이 그 주위를 돈다. (   )

❷ 지구가 태양 주위를 돈다. (   )

❸ 지구는 우주의 중심이다. (   )

❹ 갈릴레이는 코페르니쿠스의 지동설을 좀 더 과학적으로 설명했다.
(   )

❺ 지금도 천동설을 믿는 사람들이 많다. (   )

정답
❶ ○ ❷ ○
❸ × ❹ ○
❺ ×

나는 철학을 가르치지
않는다.
나는 철학하는 것을
가르칠 뿐이다.

—칸트

2 칸트, 철학계의 코페르니쿠스

흐음…….
이거 이 눈을 믿어야 하나, 말아야 하나?
도대체 헷갈리는걸.
어떤 게 세상의 진짜 모습인지 모르겠어.
이러다 나도 우물 안 개구리처럼 내가 본 게
진짜라고 우기는 사람이 되는 건 아닐까?
칸트 아저씨! 도와주세요!

피에로의 신기한 안경

"뿌우뿌우 뿌뿌뿌."

어디선가 장난감 나팔소리가 들려왔다. 소리 나는 쪽을 둘러보았으나 나팔 같은 것은 없었다. 장난스럽게 들려오는 나팔소리는 자기를 봐 달라는 듯, 자꾸 귀를 잡아끄는 듯했다. 그런데 나팔은 보이지 않아 답답하기만 했다.

대체 나팔소리가 어디서 나는 거야?

"저기 좀 봐!"

태진이가 건미의 팔을 잡아당겼다. 목을 젖히고 올려다보니 나팔을 불고 있는 피에로가 있었다. 긴 장대를 발에 끼고 있는 피에로의 키는 아주 컸다. 줄무늬 모자에 빨간 코를 달고 귀에까지 걸린 커다란 입으로 나팔을 뿌우뿌우 뿌뿌뿌 불어 댔다. 우스꽝스러우면서도 사랑스러운 모습이었다. 건미는 저도 모르게 폴짝폴짝 뛰면서 키다리 피에로의 손을 잡아 보려고 애썼다. 그 모습이 우스웠던지 태식 오빠는 자꾸만 방글거렸다.

키다리 피에로는 나팔을 주머니에 넣고 다른 주머니에서 풍선을 꺼냈다. 그러고는 커다란 입으로 순식간에 풍선을 불어 손으로 조물조물하더니 푸들을 만들어 냈다. 곧이어 푸들을 건미한테 가까이 대더니 "왈왈" 하고 강아지 소리를 흉내 냈다. 건미는 까르르 웃었다. 키다리 피에로가 푸들을 건미에게 선물했다. 우와, 너무 신이 난 건미는 강아지를 들고 깡충깡충 뛰었다. 피에로는 옆에 있는 태진이에게 자신이 쓰고 있던 파란 안경을 씌워 주었다. 화들짝 놀란 태진이는 잠깐 뒤로 물러섰지만 이내 피에로의 안경을 받아 썼다. 근데 이게 웬일일까? 파란 안경이라서 세상이 파랗게 보일 거라고는 생각했지만…….

"어? 이, 이상해!"

"뭐가?"

건미와 태식 오빠가 동시에 물었다.

"건, 건미랑 형이 엄청 길어 보여……. 헤헤헤! 건미 네가 들고 있는 푸들이 꼭 기린 같다!"

안경을 쓴 태진이는 주위를 뱅뱅 돌며 이리저리 살폈다. 그러고는 마치 무엇에 홀린 사람처럼 저 혼자 헤헤거리며 웃었다.

건미는 너무나 궁금했다. 대체 뭐가 어떻게 보이기에 태진이가 저러는 것인지 직접 보지 않고는 알 수가 없는 일이었다.

"나도 한 번만 보여 줘."

태진이에게 떼를 쓰는 건미를 귀찮다는 듯 툭 치고 태진이는 계속 뱅글뱅글 돌았다. 태식 오빠가 얼른 태진이의 안경을 벗겨 건미에게 씌워 주었다.

"에이! 형?"

태진이가 씩씩댔다.

"우와! 세상에……. 모든 게 다 길어 보여요! 야, 태진이 너 언제 그렇게 키가 컸냐? 하하하."

건미는 태진이처럼 뱅뱅 돌며 헤헤거렸다. 안경을 쓰니 모든 것이 길쭉해 보였다. 키다리 피에로는 너무 길어서 아예 얼굴이 보이지 않았다. 하늘로 솟아 버린 키는 어디쯤에

얼굴이 달렸는지 까마득했다. 키다리 피에로만큼 키가 커진 태진이의 입이 뾰로통했다. 안경을 달라고 손을 휘휘 젓는데 마치 상점을 홍보할 때 쓰는 사람 모양의 바람 풍선처럼 팔이 흐느적거렸다.

건미는 안경을 벗어 태식 오빠에게도 씌워 주었다.

"우와!"

태식 오빠도 감탄을 했다. 그러더니 안경을 벗어 키다리 피에로에게 돌려주었다. 키다리 피에로가 재미있는 표정을 지으며 웃었다.

"아저씨! 그런데 왜 이런 안경을 쓰세요?"

건미는 키다리 피에로를 올려다보며 물었다.

빙그레 웃기만 하던 피에로가 말을 했다.

"내 키가 너무 커서 사람들을 내려다보기 힘들잖아. 그래서 사람들을 길게 늘여서 볼 수 있는 특수 안경을 만들었단다. 그러면 이렇게 키가 큰 나도 사람들을 내려다보지 않고 마주 보며 말할 수 있으니까. 어때? 이 아저씨가 보는 세상이 아주 멋지지 않니?"

태진이는 피에로에게 엄지를 들어 보였다. 건미 역시 "멋져요!" 하고 박수를 쳤다. 피에로 아저씨는 손을 흔들며

성큼성큼 걸어갔다.

"오빠, 봤죠? 정말 세상이 모두 길쭉해 보였죠?"

건미는 피에로에게서 받은 푸들 풍선을 흔들어 대며 물었다.

"하하하! 그래 정말 신기하구나."

"저런 안경을 쓰고 길쭉하게 보이는 세상에서 사는 느낌은 어떨까?"

태진이도 안경을 쓰고 난 뒤의 느낌이 아직 아쉬움으로 남은 듯했다.

"그런데…… 피에로가 안경을 통해 보는 세상과 우리가 보는 세상 중에 어떤 것이 진짜 모습일까?"

엥? 이건 또 무슨 얘기일까? 건미와 태진이는 혼잣말처럼 중얼거리는 태식 오빠의 얼굴을 빤히 쳐다보았다.

어떤 것이 진짜 모습일까?

태식 오빠는 건미가 들고 있는 푸들 풍선을 뺏더니 그것을 흔들어 보였다.

"강아지가 우리와 같은 세상을 보고 있을 것 같니?"

"그럼, 당연하죠!"

건미가 다시 푸들 풍선을 빼앗았다. 피에로가 분명히 건미에게 선물해 준 거니까 풍선의 주인은 건미이다.

"이 바보, 읍! 아니, 아니, 취소, 취소!"

바보란 말에 건미가 눈을 부릅뜨자 태진이가 얼른 말을 주워 담았다.

"강아지들은 색을 구별하지 못해. 너 그것도 몰랐냐? 이 바……."

건미가 태진이의 머리를 쿵 쥐어박았다.

"누가 그래? 지난번에 어떤 아줌마랑 강아지가 맞은편 신호등에서 기다리고 있었는데 파란불이 켜지니까 강아지가 먼저 알고 막 뛰면서 건너던데 뭘."

"이 바보……. 아니, 또 취소! 그건 신호등을 보고 건너는 게 아니라 사람들이 움직이려고 하니까 강아지가 눈치 채고 그냥 따라 뛴 것뿐이지!"

"정말? 그럼 강아지들은 색깔을 구분 못 해?"

건미는 너무나 놀랐다. 지금까지 한 번도 강아지들이 색깔을 구분하지 못할 거라는 생각을 해 보지 않았다.

"맞아, 태진이 말대로 강아지들은 색맹이란다. 겨우 명암만을 구분하지. 우리가 컬러텔레비전을 본다면 강아지들은 흑백텔레비전을 보는 것과 마찬가지지."

태식 오빠가 웃으면서 쉽게 설명해 주었다.

"그래서 눈이 오면 강아지들이 신나서 막 뛰는 거야. 눈이 흰색이니까 세상이 갑자기 밝아진 것처럼 보이거든! 맞지, 형?"

아는 척을 하며 태진이가 의기양양해했다.

"글쎄, 그것까진 잘 모르겠는걸? 내가 강아지의 눈으로 세상을 볼 수가 없으니……."

치, 태진이는 맞장구쳐 주지 않는 형이 야속하기만 했다.

"그런데 강아지들이 보는 세상과 우리 인간들이 보는 세상 중에서 어느 것이 진짜 세상의 참모습일까?"

"에이, 형! 아까부터 왜 자꾸 엉뚱한 질문만 하는 거야? 당연히 우리가 보는 세상이 더 진짜 세상이지. 안 그러냐? 박건미?"

건미 역시 고개를 끄덕였다.

"그럼, 한 가지 더 물어볼게. 만약 강아지들이 보는 세상이 잘못된 것이고, 사람들이 보는 세상이 진짜 세상의 모습이라고 한다면, 그렇게 말할 수 있는 이유는 뭘까?"

"음, 좀 어려운데요?"

건미가 고개를 설레설레 흔들었다.

"그건, 아마도 사람들이 보는 세상의 모습이 강아지들이 보는 세상보다 훨씬 더 풍부하고 정확한 것이니까 그런 게 아닐까?"

역시 태진이었다. 잘난 척하는 태진이가 얄밉다가도 저렇게 어른스러운 생각을 하는 것을 보면 건미는 태진이가

정말 똑똑한 아이라는 생각이 들었다.

"그래, 그렇겠구나. 세상은 엄청나게 많은 색들로 채워져 있는데 강아지들은 이렇게 다채로운 색깔을 보지 못할 테니까 우리가 보는 세상이 진짜 모습이라고 생각할 수 있겠구나. 아마도 이 세상에 색이 존재한다는 생각조차도 강아지들은 못 할 테니까! 그렇다면 결국 강아지는 강아지 눈에 보이는 세상, 그리고 사람들은 사람 눈에 보이는 세상을 보는 것이니까, 강아지와 사람이 보는 세상은 각기 다르다는 결론이 나오네?"

"형은 당연한 얘기를 항상 어렵게 한다니까!"

태진이는 태식 오빠의 말을 잘라 버리더니, 어느새 눈은 장난감을 늘어놓은 좌판에 가 있었다.

건미의 눈도 태진이를 따라 움직이는데, 태식 오빠가 무안한 듯 웃음 지었다.

"하하하, 녀석도. 그래, 당연한 얘기지. 그런데 지금은 당연하게 여기는 지동설을 코페르니쿠스 이전 사람들이 당연하게 여기지 않았던 것처럼, 강아지와 사람이 보는 세상이 각기 다르다는 것도 당연한 얘기가 아닌 때가 있었어."

"그게 무슨 말이야?"

태진이는 무슨 말인지 알 수 없다는 표정으로 태식 오빠를 쳐다보았다. 건미도 태식 오빠의 말이 무슨 뜻인지 알 수 없기는 마찬가지였다.

네 생각은 어때?

여러분들이 눈으로 보거나 귀로 듣는 것이 과연 이 세상의 참모습일까요? 만약 그렇지 않다면 그 이유를 설명해 보세요.

▶풀이는 189쪽에

코페르니쿠스적 전환

 "강아지 눈에는 흑백 세상이 보이고, 사람 눈에는 컬러 세상이 보이잖아. 그리고 좀 전에 피에로 아저씨의 안경을 썼을 때, 세상이 지금과 달라 보였던 것 기억하지? 이렇게 우리가 보는 세상은 우리가 쓰는 렌즈에 따라 얼마든지 달리 보일 수 있어. 즉 우리는 사물이 생긴 그대로 보는 것이 아니라, 보는 방식에 따라 사물을 다르게 볼 수도 있는 거야. 이것을 어려운 말로 코페르니쿠스적 전환이라고 해."

 코페르니쿠스적 전환이라니, 너무 어려운 말이다. 건미와 태진이는 점점 더 알 수 없다는 표정이 되어 갔다.

 "에이, 형! 무슨 소리야. 초등학생들 앞에서 너무 유식한

척하는 거 아니야?"

"하하하, 그렇게 들렸다면 미안, 미안. 쉽게 얘기하면, 음……. 아까 천동설과 지동설 이야기를 했었지? 코페르니쿠스가 천동설을 지동설로 뒤엎어 버렸잖아. 천동설은 태양이 지구를 돈다는 말이고, 지동설은 지구가 태양을 돈다는 말이니까."

"아, 알았어요! 코페르니쿠스가 천동설을 완전 반대인 지동설로 엎어 버린 것처럼, 사물의 모습대로 우리가 보는 게 아니라, 우리가 어떻게 보느냐에 따라 사물을 달리 볼 수 있다고 주장하면서, 생각을 완전 반대로 뒤엎는 거죠? 그래서 코페르니쿠스적 전환이라고 하는 거고요."

이번엔 건미가 먼저 냉큼 대답을 했더니, 태진이는 '자기도 알고 있었는데' 하는 표정으로 선수를 빼앗긴 듯 아쉬움을 드러냈다.

"바로 그거야! 야 이거 초등학생이라고 만만하게 보면 안 되겠는걸? 하하하. 참, 사물을 보고 느끼고 생각하는 것을 어려운 말로 '인식한다'라고 하는데, 코페르니쿠스적 전환은 바로 인식론상의 전환이란다."

"앞으로 형을 제2의 코페르니쿠스라고 불러야겠어."

태진이는 형이 자랑스러우면서도 내심 부러운 듯 말했다.
"하하하. 미안하지만 이건 내가 한 말이 아니야."
태식 오빠는 멋쩍은 듯 머리를 긁적이며 말했다.
"칸트라는 유명한 철학자가 한 말이야."
"뭐, 칸트? 철학자?"
건미와 태진이는 처음 듣는 철학자 이름에 눈이 똥그랗게 떠졌다.

"그래. 칸트는 눈에 보이는 세상이 진짜 세상은 아니라고 말했어. 사물이 생긴 대로 우리가 보는 것이 아니라, 우리가 어떻게 보느냐에 따라 사물을 다르게 볼 수 있는 거라고. 칸트가 이런 자신의 입장을 내놓으면서 코페르니쿠스적 전환이란 말을 사용했단다. 칸트에 대해서는 앞으로 계속 배울 기회가 있을 거야."

태식 오빠의 말을 들으면서 걷다 보니, 셋은 어느새 아까 태진이가 눈여겨보았던 장난감 좌판 앞에 서 있었다. 태식 오빠로부터 처음 듣는 철학자 칸트 이야기도 재미있었지만, 건미와 태진이는 눈앞에 놓인 장난감들에 시선을 빼앗기지 않을 수 없었다.

"건미야, 이것 봐! 정말 오래된 장난감 같아 보이지?"

태진이는 노란 고무줄로 연결된 말을 들어 보였다. 노란 고무줄 한쪽 끝에는 말이, 다른 한쪽에는 바람을 불어넣을 수 있는 공기 주머니가 달려 있었다. 장난감 좌판으로 다가온 태식 오빠는 반색을 하며 그 장난감을 받아 들었다.

"아니, 이런 게 다 있네?"

태식 오빠는 아주 능숙하게 공기 주머니를 엄지와 검지로 눌렀다. 노란 고무줄 사이로 바람이 들어가니 말이 움직였다. 마치 벼룩처럼 톡톡 튀어 올랐다.

"오빠, 이 장난감 알아요?"

"그럼, 내가 어렸을 때 갖고 놀았던 건데. 하하하. 사실 내가 어렸을 때도 이 장난감은 아주 옛날 장난감이었지. 아마 우리 삼촌 나이 정도 되는 사람들이 가지고 놀던 장난감일걸?"

"우와, 개구리도 있네요?"

건미는 초록색에 하얀 점이 있는 개구리 장난감을 집어 들고는 태식 오빠처럼 공기 주머니에 바람을 넣어 개구리를 움직여 보았다.

팔딱팔딱.

정말 개구리가 톡톡 튀어 오르는 것처럼 보이네요. 요즘

장난감은 대부분 건전지를 이용해 자동으로 움직이게 되어 있지만, 사람이 직접 움직이는 단순한 옛날 장난감에 세 사람은 오히려 더 흥미를 느꼈다. 세 사람은 장난감을 하나씩 차지하고는 누가 먼저 달려가나 시합까지 했다. 좌판에 장난감을 늘어놓고 팔던 할아버지도 재미있는 듯 세 사람을 쳐다보았다.

"줄에 매달려 팔짝팔짝 뛰는 개구리를 보니까 '우물 안의 개구리'라는 말이 딱이군!"

태진이의 장난감 개구리가 풀쩍 뛰었다.

"꼭 잘난 척을 하고 넘어가야 시원하지?"

건미가 태진이의 개구리 위로 자신의 말을 움직여 폴짝 뛰어넘었다.

"그래, 꼭 알맞은 얘기구나. 허허허! 아무리 뛰어 봤자 개구리는 네가 잡고 있는 줄에 매달려서 뛸 뿐이니 우물 안의 개구리가 맞구나. 허허허."

좌판의 할아버지도 티격태격하는 태진이와 건미가 재미있는 모양이었다.

"이 할아비가 재미있는 얘기 하나 해 줄까?"

할아버지가 인자한 미소를 지으셨다.

"네!"

이야기라면 자다가도 벌떡 일어나 해 달라고 조르는 건미는 아주 신이 났다.

우물 안 개구리

할아버지는 헛기침을 두어 번 하시더니 구수한 목소리로 이야기를 시작하셨다.

어느 깊숙한 산골짜기에 작지만 아주 깊은 우물이 하나 있었단다. 신기할 만치 깊은 우물 밑바닥에는 개구리 세 마리가 살고 있었지. 우물 속이 깜깜하긴 했지만 개구리들은 아무 불만 없이 행복하게 잘 살고 있었어. 물론 우물 저 높은 곳으로 희미하게 바깥 빛이 들어오긴 했지. 하지만 워낙 습하고 어두운 곳이라 벌레들이 살기에는 안성맞춤이었어. 벽을 슬금슬금 기어 다니는 벌레들은 개구리들의 주식이었어. 간혹 길을 잘못 찾아 날아든 파리나 날벌레들도 개구리들에게는 더할 나위 없는 훌륭한 잔치 음식이었단다.

이렇게 아무런 근심도 없이 세월이 흘러가고 있었지. 개구리들은 자신들이 살고 있는 우물 안이 이 세상의 전체라고 믿고 있었던 게지.

그런데 어느 날 갑자기 개구리 한 마리에게 호기심이 생겼단다. 저도 심심했나 보지? 저 높이 보이는 불빛의 정체가 무엇인지를 밝혀내고 싶었던 게야. 비록 잠시 사라지기도 하지만 멀리서 보이는 저 불빛의 정체가 무엇인지를 밝혀내지 않고서는 견딜 수가 없었단다.

그래서 그 개구리는 용기를 냈어. 혼신의 힘을 다해서 우물 벽을 타고 위로 오르기 시작했지. 도중에 미끄러지기도 하고 몸에 상처도 났지만 포기하지 않고 우물 끝부분에 도달했어. 우여곡절 끝에 올라온 개구리가 본 것은 이글이글 타오르는 태양이었지. 개구리는 태양을 보자마자 마치 눈이 멀어 버릴 것 같았어. 너무나 놀란 나머지 황급히 우물 속으로 다시 들어가 버렸단다.

우물 밑바닥으로 돌아온 그 개구리는 친구들에게 바깥 불빛의 정체에 대해서 열심히 설명을 했어. 하지만 다른 개

구리들은 믿으려 하지 않았지. 그저 지어낸 이야기에 불과하다고 생각한 모양이야. 그렇지만 결국에는, 너무나 완강하게 주장하는 친구 개구리의 태도에 은근히 호기심도 생기고 화가 나기도 해서 다른 두 개구리가 자신들 눈으로 직접 확인해 보겠다고 나섰어. 물론 우물 끝까지 갔다 온 개구리는 놀란 충격으로 따라갈 엄두를 내지 못했지.

여하튼 두 개구리 역시 우여곡절 끝에 우물 끝에 도달했어. 그런데 두 개구리가 본 바깥 빛은 고요하고 평온했지. 전혀 눈이 부시지 않았어. 이미 해가 서쪽으로 기울고 땅거미가 지고 있을 무렵이었거든. 허허! 두 개구리는 저녁노을의 모습에 감탄이 절로 나왔지. 지난번에 우물 끝에 다녀온 개구리가 말한 것은 거짓이었어.

두 개구리는 내려와서 자기들이 본 것을 이야기했단다. 하지만 다른 개구리 역시 자신이 본 것과 다르기 때문에 두 개구리의 말을 믿으려 하지 않았어. 결국 모두 같이 다시 한번 우물 위로 오르기로 했지.

그런데 이게 무슨 날벼락이야? 무언가 바깥 기후에 이상이 생겼는지 우르르하는 소리와 함께 우물 중간이 크게 패이고 말았어. 그래서 그들은 우물 위로 올라갈 수가 없게 되었어. 결국 세 개구리는 평생 사실을 확인하지 못한 채 자신들이 본 것만을 진짜 바깥세상의 모습이라고 믿으면서 서로가 틀렸다고 우겨 대며 살았단다.

할아버지의 이야기가 끝이 났다. 태식 오빠가 먼저 들려준 칸트 이야기와도 통하는 것 같았다.

"정말 우물 안 개구리들이 맞네요! 결국 개구리들은 바깥세상의 참모습은 알지 못한 거죠? 그 개구리들이 본 것은 세상의 일부분이었으니까!"

"그런 셈이지. 그 녀석, 참 똑똑하구나."

할아버지는 태진이의 머리를 쓰다듬어 주셨다. 어쩐 일인지 태진이가 쑥스러워하며 히죽 웃었다. 항상 잘난 척한다고 핀잔을 주는 건미나, '그건 그런데……' 하면서 더 아는 척하는 태식이 형과 달리, 할아버지는 아주 작은 것에 칭찬을 해 주시니 태진이는 괜히 멋쩍은 기분이 들었다.

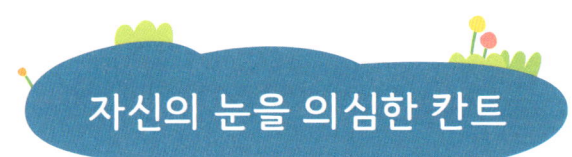

자신의 눈을 의심한 칸트

"그런데 잘 생각해 보면 슬프게도 사람들 역시 할아버지의 이야기에 나오는 개구리처럼 세상의 본래 모습은 못 본 채 자신이 본 것만을 진짜라고 믿고 사는지도 몰라."

태식 오빠가 아주 심각한 표정으로 말했다.

"또, 또 시작됐다. 우리 형의 개똥철학! 너무 심각한 거 아니야?"

태진이가 태식 오빠의 말에 꼬리를 달았다.

"아니, 그렇지 않아. 이건 생각해 볼 문제라고. 좀 쉬운 예를 들어 볼까? 간혹 어느 집에 가면 여름에 모기를 쫓아내기 위해서 전기 플러그에 조그마한 장치를 꽂아 놓은 것을 볼 수 있지?"

"그걸 초음파를 이용한 모기 퇴치용 기구라고 하지. 에헴."

태진이가 잘난 척할 기회를 그냥 넘기지 않았다.

"왜 모기들이 도망갈까? 그건 바로 소리 때문이야."

태식 오빠가 진지하게 설명했다.

"어? 이상하다. 우리 집에서도 사용하고 있지만 아무 소리도 들리지 않던데요?"

건미는 납득이 가지 않았다. 아주 조용하고 냄새도 나지

않는 그 기구가 왜 모기를 쫓는지 궁금하긴 했었지만 소리 때문이라니?

"우리 귀에는 전혀 들리지 않지만 모기들에게는 견딜 수 없는 소음이 그 장치에서 계속 나오고 있어. 어째서? 음, 사람들의 귀가 들을 수 있는 소리는 아주 한정되어 있기 때문에 그런 거야. 소리는 우리가 흔히 주파수라고 부르는 진동수로 판별되는데, 인간의 귀가 들을 수 있는 진동수의 범위는 1초당 16에서 20000까지라고 해. 그 이하나 그 이상의 주파수는 들을 수 없는 거지. 이에 반해 모기와 같은 벌레들은 그보다 훨씬 더 높은 주파수의 소리를 들을 수 있어."

태진이도 새로운 사실에 귀가 솔깃한지 태식 오빠의 말

에 귀를 기울였다.

"근데 그게 어쨌다는 거야?"

"그러니까 우리가 듣는 소리가 이 세상에 있는 소리들의 전부가 아니라는 거지. 엄청나게 많은 소리들 중 아주 일부만을 들을 수 있는 거야. 그런데 우리들은 들은 소리가 이 세상 소리의 전부이고, 또 이 세상의 진짜 소리라고 생각하잖아? 마치 우물 안 개구리들처럼 말이야."

아하, 태진이는 저도 모르게 감탄을 했고, 건미 역시 고개를 주억거렸다. 옆에서 이야기를 듣고 계시던 장난감 좌판의 할아버지도 미소를 지으셨다.

"좀 실망스럽기는 하지만 우리들 역시 이 세상의 참된 모습을 모르고 산다는 점에서는 개구리와 똑같은 셈이네?"

태진이의 말에 할아버지가 또 태진이의 머리를 쓰다듬어 주셨다.

"아까 내가 했던 얘기 기억해?"

"뭐?"

건미와 태진이가 눈을 동그랗게 떴다.

"사람과 강아지가 보는 세상이 다르다는 것 말이야. 철학자 칸트가 말한 코페르니쿠스적 전환 기억하지?"

태식 오빠의 물음에 두 사람은 고개를 끄덕끄덕했다.

"독일의 철학자 이마누엘 칸트(Immanuel Kant, 1724~1804)라는 아저씨는 우리에게 보이는 이 세상의 모습은 그저 우리의 눈에 드러난 것일 뿐이라고 말했지. 또 인간에겐 우물 안 개구리와는 달리 자신의 눈과 귀를 의심할 수 있다는 사실을 지적했어. 개구리는 자신이 본 것을 그대로 믿지만 인간은 자신이 본 것을 그대로 믿지만은 않는다는 거지."

"모든 사람이 다 그런 건 아니잖아?"

태진이가 태식 오빠의 말에 또 대꾸했다.

"물론 그렇지. 대부분 사람들은 자신들이 본 것을 그대로 믿기 마련이니까. 하지만 아주 극히 일부 사람들은 자신의 눈에 보이는 것을 그대로 믿지 않아. 이렇게 자신이 보고 듣는 것을 의심할 수 있는 것이 바로 인간만이 가진 능력인 셈이지. 우리가 별자리 체험관에서 코페르니쿠스 혁명에 대해 얘기를 나눴지?"

"네, 눈앞에 보이는 것을 그대로 믿지 않고 전혀 새로운 방식으로 바라보고 설명하는 것을 말하죠."

건미가 인상 깊게 들었던 코페르니쿠스 혁명을 떠올렸다.

"칸트 아저씨가 하고 싶은 말도 바로 그거야. 우리 인간은 자신들이 보는 것, 혹은 듣는 것을 진짜라고 믿어 버리는 경우가 많아. 그렇게 해서는 위대한 발견이나 발명을 할 수 없지. 우리의 눈을 의심하고 귀를 의심하는 것, 그것이 바로 칸트 아저씨가 말하는 코페르니쿠스 혁명이지. 그런 의미에서 칸트가 철학계의 코페르니쿠스라고 불리는 거야."

철학계의 코페르니쿠스라고 불리는 칸트를 알게 된 건미와 태진이의 표정이 한층 진지해져 갔다.

철학자의 생각

우리가 듣고 보는 것은 진짜일까?

의심하라, 생각하는 방법을 바꿔라

철학자 칸트 아저씨는 철학계의 코페르니쿠스라고 불릴 정도로 철학계에 끼친 공적이 대단합니다. 칸트 아저씨는 마치 코페르니쿠스가 그랬던 것처럼 생각하는 방법을 근본적으로 바꾸었답니다.

어떤 내용인지 다시 한번 정리해 볼까요?

코페르니쿠스가 우리 눈을 완전한 것으로 믿지 않았다는 사실을 떠올려 보세요. 칸트 아저씨는 코페르니쿠스의 생각을 좀 더 밀고 나갔습니다. 우리의 눈이나 귀는 그다지 믿을 만하지 않습니다. 어째서 그럴까요?

앞서 말했듯이, 우리가 들을 수 있는 소리를 떠올려 보세요. 우리 귀가 들을 수 있는 소리의 범위는 16에서 20000헤르츠입니다.

그 이하나 이상은 들을 수 없죠. 만약 20000헤르츠 이상의 떨림이 있다 해도 우리 귀는 들을 수 없습니다. 신기한 일이죠. 그런데 벌레들은 우리 귀가 들을 수 없는 소리도 듣는답니다.

이 세상에는 우리가 들을 수 없는 소리를 포함해 무수히 많은 소리가 있지만 우리는 우리 귀에 들리는 소리만 소리라고 생각합니다. 우리에게 들리는 것만 진짜 소리라고 믿는 거지요.

우리가 보는 빨간색은 빨간색이 아닐 수도 있다

칸트 아저씨의 가르침은 바로 이런 것이었답니다. 우리가 알고 있는 이 세상은 우리 눈앞에 보이는 것, 들리는 것일 뿐이라는 거지요. 결국 이 말을 뒤집으면 어떻게 될까요? 우리가 듣고 보는 세상의 모습은 세상의 참된 모습이 아니라는 것이지요.

여러분은 지금 입고 있는 빨간색 옷이 진짜 빨간색이라고 생각합니다. 하지만 우리와 다른 눈 구조를 가진 동물이나 곤충 들은 우리와 다르게 봅니다. 빨간색이 아닌 파란색으로 볼 수도 있어요. 빨간색 옷이 빨갛게 보이는 것은 원래 그 옷이 빨갛기 때문이 아니라 우리 눈에 빨갛게 보이기 때문입니다.

정리해 말하면, 우리 눈이나 귀는 그다지 믿을 것이 못 된답니다. 칸트 아저씨는 코페르니쿠스처럼 우리의 눈과 귀를 너무 믿어서는 안 된다고 말했습니다. 우리의 눈과 귀, 심지어 우리의 이성은 사물을 보고 듣고 판단하는 능력이 완벽하지 않다고 생각했습니다.

칸트 아저씨가 하고자 하는 이야기가 무엇인지 잘 이해했나요?

즐거운 독서 퀴즈

1 다음은 칸트의 철학적 주장을 담은 문장이에요. (   ) 안에 알맞은 말을 넣어 보세요.

중세 사람들은 태양이 지구를 돈다는 천동설을 믿었다. 하지만 코페르니쿠스는 사람들이 당연하다고 믿는 천동설을 의심하고 지구가 태양을 돈다는 지동설을 내놓았다. 우리가 사물의 진짜 모습을 보는 것이 아니라 우리 눈에 보이는 대로 사물의 모습을 볼 뿐임을 코페르니쿠스는 지동설을 통해 알려주고 있다. 칸트도 우리가 보는 이 세상의 모습은 그저 우리 눈에 드러난 것일 뿐 진짜 모습이 아니라고 말했다. 따라서 인간은 자신의 눈과 귀를 끊임없이 의심하며 자신이 본 것을 그대로 믿지 않고 다른 시각으로 사물을 보는 혁명적인 태도를 가져야 한다고 말했다. 칸트는 그런 태도를 (   )이라고 했다.

정답

코페르니쿠스적 전환

2 다음은 할아버지가 들려준 우물 안 개구리 이야기예요. 결국 세 개구리들은 우물 밖 세상을 어떻게 이해했나요? (   )

어느 날, 우물 안 개구리 한 마리가 우물 안으로 들어오는 빛이 무엇인지 알고 싶었어요. 그래서 용기를 내어 우물 끝까지 올라가 보았지요. 거기서 이글이글 타오르는 태양을 보았어요. 우물 밑으로 돌아온 개구리는 두 친구 개구리에게 바깥 빛에 대해 설명해 주었어요. 하지만 두 친구는 믿어 주지 않았지요. 호기심이 생긴 두 친구는 자기들도 직접 보겠다며 우물 끝까지 올라가 보았어요. 그런데 우물 바깥은 너무도 평온했어요. 저녁 땅거미가 질 무렵이었거든요. 두 친구는 자기들이 본 것을 열심히 이야기했어요. 하지만 처음에 우물 바깥을 본 개구리는 두 친구의 말을 믿어 주지 않았지요. 그래서 결국 셋이서 우물 위로 올라가 보기로 했어요. 그런데 이게 무슨 날벼락이람! 우물이 우르르 하고 무너지고 말았답니다.

❶ 태양을 본 개구리의 말을 믿어 주었다.
❷ 서로의 입장을 듣고 화해했다.
❸ 서로 자기가 본 것이 진짜라고 우기며 싸웠다.

❸ 서로 자기가 본 것이 진짜라고 우기며 싸웠다.

항상 하늘과 도덕률에
비추어 자신을 점검하자.
그리하여 매번 잘못된 점을
찾아 반성하는 사람이 되자.

― 칸트

3

이성을 법정에 세우다

"나는 브라흐마의 후예도다.
너희들 중 죽어서 천당에 가려거든 나에게
부탁을 하여라."
사기꾼 만디라에게 속은 사람들은 과연 그를
고소할 수 있을까? 그가 사기꾼인지 아닌지는
죽어 봐야 알 수 있는 거잖아!
허허, 이런 답답하도다!

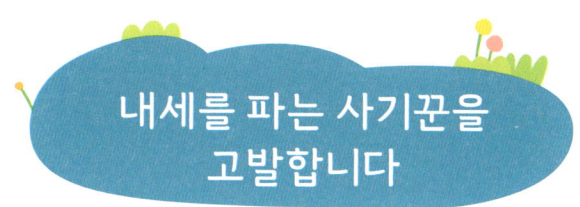

내세를 파는 사기꾼을 고발합니다

"와, 저기 타로점이다!"

태진이가 흰색 천막이 쳐 있는 곳으로 달려갔다. 천막 앞에는 커다란 카드 모양의 그림이 걸려 있었다. 그림 속에는 구름을 밟고 있는 한 청년이 달 모양의 창을 들고 하늘을 향하고 있는데, 하늘에는 태양 빛이 구름 사이로 쏟아지고 있었다.

그림 속 카드 밑에 '미래를 알려 드립니다.'라는 작은 글씨가 씌어 있었다. 건미는 타로점이란 말을 처음 들었다. 대체 무엇을 하는 곳일까?

천막 안으로 들어서자 빨간 원피스에 금색 구슬 장식이

달린 천을 두른 젊은 언니가 반갑게 세 사람을 맞이했다.

"타로점이 뭐예요?"

건미가 예쁘게 생긴 언니에게 물었다.

"타로 카드는 인간의 삶을 포착해서 만들어졌는데, 우주의 원리까지 포함해 인간의 운명을 우주의 조화로 풀어 보는 운세를 말해요."

간단한 설명을 한 언니는 달과 해 모양의 반지를 낀 손으로 카드를 쭉 펼쳤다. 타로 카드에는 흔히 볼 수 있는 클로버나 다이아몬드 같은 그림이나 숫자는 없었다. 신화의 한 장면, 혹은 오래전부터 전해 내려오는 신비한 이야기의 한 장면 같은 그림이 그려져 있었다. 마치 전설에 나오는, 사연이 많은 사람들의 모습이었다. 건미는 타로 그림들이 재밌기만 했다.

"저부터 봐 주세요."

태진이가 건미를 밀치고 고개를 내밀었다. 예쁜 언니가 활짝 웃으며 카드를 한쪽 손에서 다른 쪽 손으로 순식간에 옮겼다. 꼭 마술 같네?

"무엇이 궁금한가요? 이것저것 생각하지 말고 정말 간절히 알고 싶은 것 한 가지를 마음속 깊이 생각해야 해요."

다시 카드를 주르륵 쏟아 내는가 싶더니 마술처럼 다른 손으로 옮겨 놓았다. 태진이는 아주 진지한 표정이었다. 눈을 지그시 감고 무언가 깊이 생각하는 것처럼 보였다. 미간에 깊은 주름이 생겼다가 다시 펴지는 걸 보니 간절히 알고 싶은 것이 있긴 한가 보다.

그런 태진이의 모습을 건미와 태식 오빠는 재미난 구경을 하듯 쳐다보고 있었다.

"자, 생각했으면 카드를 한 장 고르세요."

언니는 열 개의 카드를 뒤집어 놓고 그중 하나를 선택하라고 했다. 태진이는 언니가 내민 카드 중에서 한 장을 골랐다. 태진이가 고른 카드를 뒤집은 언니는 이번에는 다시 두 장의 카드를 엎어 놓고 그중 하나를 고르라고 했다. 태진이는 이걸 고를까 저걸 고를까 한참을 망설이다가 앞의 카드를 골랐다.

"더 월드(the world) 카드를 골랐군요."

언니는 카드를 뒤집으며 말했다. 무엇이 기준이고 어떤 원칙인지는 모르겠지만 언니는 마치 수수께끼를 푸는 것처럼 한참을 들여다보았다. 카드 속의 그림은 전혀 이야기로 연결될 것 같지 않았다. 어떤 남자는 무덤 같은 곳에 칼을 꽂고 있었다. 그것이 무덤인지, 바위인지도 모르겠고 칼을 꽂는 것인지, 뽑는 것인지도 모르겠다. 그 표정도 웃는 것인지, 찡그린 것인지, 비통해하는 것인지 도무지 알 수 없는 수수께끼였다. 더 월드 카드의 그림은 어떤 여신이 양손에 초를 들고 하늘로 올라가는 모습이었는데, 여신인지 아니면 고대 하녀인지도 잘 모르겠다. 그러나 예쁜 언니는 곧 비밀 문자를 해독하듯 말을 잇기 시작했다.

"아무리 험하다 해도 길은 길입니다. 길이니까 가 보아야지요. 그러나 가는 길엔 꼭 동무가 필요합니다. 혼자서 험한 길을 갈 수 있다고 자만하거나 갈 수 없다고 포기하지 말고, 동무와 함께 꼭 가 보세요. 그곳이 길이 맞습니다."

"뭐야? 속으로 뭐라고 생각했어? 언니가 한 말이 맞아?"

건미는 태진이가 마음속으로 생각했던 것이 무엇인지 너무나 궁금했다. 뭘 생각했기에 저런 점괘가 나왔을까? 정말

맞기는 한 걸까? 확인할 길이 없으니 정말 답답했다.

이번엔 건미가 해 보기로 했다. 언니는 빙그레 웃으며 태진이에게 했던 것처럼 나를 이끌었다. 건미도 진지하게 뭔가 마음속으로 질문을 했다.

카드의 그림이 나타나고 언니는 점괘를 줄줄 말했다.

"그렇지 않습니다."

건미는 살짝 놀라는 안색이었다.

"사실처럼 보이지만 사실이 아닌 것은 세상에 얼마든지 있습니다. 눈에 보이는 것만 믿지 마세요. 보이지 않는 것은 마음으로 믿으세요. 그것이 보일 것입니다."

건미는 고개를 갸우뚱했다. 자신이 생각했던 것을 언니가 맞춘 것 같기도 하고, 못 맞춘 것 같기도 했다. 믿기도 어렵고, 그렇다고 안 믿기도 어려웠다. 그러나 상식적으로 생각하면 분명 믿기 어려운 일이다. 사람의 속마음을 어떻게 알까? 일어나지도 않은 미래의 일을 어떻게 알 수 있을까?

"다 거짓말 같아요!"

건미는 갑자기 소리를 질렀다. 소리까지 지를 생각은 아니었는데 자신만의 생각에 빠져 있다 보니 갑자기 목소리가 커졌다.

"어떻게 마음속의 일을, 미래의 일을 알 수 있겠어요? 이건 다 그냥 꾸며 낸 이야기라고요. 그렇죠?"

"정말 그럴까요?"

언니는 건미의 무례함에도 불구하고 상냥하게 웃어 주었다.

"그런 것 같아요. 생각해 보면 이렇게 해도 말이 되고 저렇게 해도 말이 되고……."

"그럼 말이 되게 믿으면 되지요."

언니는 또 웃기만 했다.

"아휴, 그러니까 이런 건 증명이 되지 않으니까 다 속임수 같다고요. 다 사기라고요."

건미는 자신의 가슴을 쿵쿵 쳤다. 태식 오빠와 태진이는 건미의 행동을 보며 분명 건미가 타로점에 푹 빠져서 그런 거라고 생각했다.

"글쎄요. 속임수라고 하니까 정말 내가 사기꾼이 된 것 같은데……. 이걸 어쩌나? 아, 그럼 내가 재미있는 이야기로 그 대답을 대신할까요?"

이 이야기는 우리나라가 아닌 우리나라로부터 서쪽으로

멀리 떨어진 남아시아의 인도에서 벌어진 이야기랍니다. 우리에게 인도는 힌두교 사원이라든가 소를 경배하는 풍습 등으로 잘 알려져 있지요. 여러분은 당연히 부처님이 탄생한 나라라는 것도 잘 알고 있을 테고요. 인도는 세계의 4대 문명 발생지 중 하나랍니다. 그만큼 역사가 오래된 곳이지요. 그런 인도가 몇십 년간 기아와 빈곤에 시달렸는데요. 요즘은 IT 산업으로 중국 못지않게 급성장하고 있는 나라랍니다. 말하자면 최근 들어 과학 대국으로 성장하고 있는 셈이지요.

이렇게 과학 대국으로 성장하는 인도에는 아직도 힌두교와 신비주의 전통이 많이 남아 있는데요. 그래서인지 미래를 점쳐 주거나 전생(지금 살고 있는 삶 이전의 삶)이나 내세(죽고 난 뒤에 다시 태어나 사는 다음 세상)에 대해 말해 주는 직업을 가진 사람들도 많이 있답니다.

인도의 수도인 뉴델리의 어느 작은 동네에서 일어난 일이에요.

카하즈라 만디라라는 사람이 자신을 브라흐마(힌두교의 으뜸 신)의 후예로 자처하면서 사람들을 현혹하기 시작했습니다. 이상한 옷을 입은 만디라는 마치 신들린 목소리로 동네 사람들에게 근엄하게 소리쳤습니다.

"나는 브라흐마의 후예도다. 너희들 중 죽어서 천당에 가려거든 나에게 부탁을 하여라."

동네 사람들 중 일부는 그의 근엄한 태도와 비범한 모습 때문인지 그의 말을 믿기 시작했습니다. 몇몇 사람은 만디라에게 매달려서 애원하기도 했습니다.

"브라흐마의 후예시여. 제게 내세에서 편안한 삶을 살 수 있도록 해 주십시오."

그러자 만디라는 말했습니다.

"내 비록 브라흐마의 후예이지만 나 역시 아버님인 브라흐마의 환심을 사기 위해서는 정성이 필요한 법이다."

"어떻게 해야 하나요?"

"너의 정성이 절대적으로 필요하니, 1만 루피를 신에게 바치도록 하여라."

1만 루피라면 이 사람들에게는 엄청난 돈입니다. 하지만 내세의 편안한 삶을 위해서라면 당연히 투자 가치가 있다고 생각한 사람은 자신의 소중한 재산을 팔아서 돈을 만들어 바쳤습니다.

점차 만디라는 유명해졌고 그에게 내세의 삶을 빌러 오

는 사람들도 부쩍 늘어나기 시작했습니다. 만디라를 찾는 사람이 많아질수록 만디라가 부유해지는 것은 당연한 이치겠지요. 이제 만디라는 그야말로 떵떵거리고 살 만큼 부자가 되었습니다. 그때부터 만디라는 집도 꾸미고 몸에 더 화려한 치장도 하고, 비싼 음식점이나 술집 등을 돌아다니기 시작했습니다.

만디라의 행동은 점점 더 이상해졌습니다. 어느 날 밤에는 심지어 술에 취해 다른 사람들에게 행패를 부리고 자신이 브라흐마의 후예자라며 큰 소리로 떠들어 댔습니다. 이쯤 되다 보니 그는 사람들에게 신뢰를 조금씩 잃어 갔습니다. 뭔가 이상하다는 생각이 든 거죠. 참다못해서 어느 날 동네 사람 한 명이 그를 찾아갔습니다. 그리고 그에게 이렇게 요구했습니다.

"난 당신이 브라흐마의 후예자라는 사실을 믿을 수가 없습니다. 더군다나 당신이 팔았던 그 내세의 편안한 삶이라는 것도 도무지 신뢰가 가질 않는군요. 그러니 내 돈 1만 루피를 당장 돌려주셨으면 좋겠습니다."

이 말을 들은 만디라는 불같이 화를 내며 소리쳤습니다.

"말도 안 되는 소리 마라. 내가 어렵게 브라흐마에게 부

탁하여 너의 내세를 부탁하였거늘 이제 와서 돈을 내놓으라니 말도 안 되도다."

냉정하게 거절당한 동네 사람은 자신과 비슷한 처지에 있던 다른 사람들과 의견을 모았습니다. 만디라를 고소하기로 한 것이지요. 그들은 만디라를 사기죄로 고소했습니다. 자신들과 같이 선량한 사람들을 속여서 엄청난 돈을 빼앗았다는 죄로요.

결국 만디라는 법정에 서게 되었습니다. 그러나 법정에선 만디라의 태도는 당당했을 뿐만 아니라 불손하기까지 했습니다. 그는 법정에서도 자신이 브라흐마의 후예라는 사실을 끝까지 주장했습니다. 또한 자신이 사람들에게 내세의 편안한 삶을 보장해 주었다는 사실을 굽히지 않았습니다.

법정에서 재판관이나 검찰들은 적잖이 당황했습니다. 그가 분명 사기를 친 것으로 생각이 되지만 그의 행동이 사기인지 아닌지를 판단할 증거가 없기 때문이지요. 만디라는 한술 더 떠서 자신에게 내세의 삶을 부탁한 사람들이 죽어 보면 분명 자신의 말이 진실인지 아닌지를 알게 될 것이라고 주장했습니다. 만디라의 말이 틀렸다는 사실을 증명하려면 죽어 보는 수밖에 없는데요. 그렇다면 결국 만다라의 말이 틀렸다는 사실을 증명할 수가 없는 셈이지요.

"타로점도 마찬가지겠지요? 이것이 틀렸다는 사실을 증명하려면 미래까지 살아 보거나 남의 속마음에 들어가 볼 수밖에 없는 일이니까요. 곤란한 표정이군요. 호호호!"

이성을 고발한 칸트

"정말 말도 안 돼! 이성이 있는 사람이 어떻게 그런 억지를 쓸 수 있을까요?"

태진이가 흥분해서 예쁜 언니한테 따지듯 물었다. 언니는 양팔을 살짝 들어 올리며 난감한 표정을 지었다.

"맞아요! 어느 정도 상식이 있어야지. 뭐 만디라 말대로 증명할 수 없는 노릇이니 당할 수밖에! 정말 이해가 안 돼!"

흥분하기는 건미도 마찬가지였다.

태식 오빠는 뭔가 또 다른 생각이 났는지 흐뭇한 미소를 지었다.

"얘들아, 도대체 이성이 뭐라고 생각하니?"

"아, 형! 또 시작이야? 지금 만디라 같은 자가 이성이 없는 인간이지. 그러니까 이성은 한마디로 누구나 다 알 수 있고 납득할 만한 사실을 판단하는 능력이야. 안 그래?"

"그래, 이성이란 상식적인 판단을 할 수 있게 만드는 힘이야. 뿐만 아니라 우리가 지식을 가질 수 있게 하는 힘이기도 하지. 예를 들면 너희들은 모두 하나 더하기 하나는 둘이라는 계산 능력을 가지고 있지? 물론 누군가에게 배웠기 때문에 산수를 할 수 있겠지만, 사람 말고는 다른 어떤 동물도 산수를 하지는 못해. 이렇게 산수를 할 수 있는 것도 인간에게 이성이 있기 때문이란다."

"형, 설명이 너무 장황해지는 거 아냐?"

태진이가 좀 짜증스러운 표정으로 말했다.

"하하하, 내가 아주 재미있는 이야기를 하나 알고 있거든."

"정말요? 얘기해 주세요."

건미 눈이 초롱초롱해졌다.

"저 언니가 한 이야기의 뒷이야기를 내가 알고 있지."

"그래요?"

예쁜 언니도 궁금한 모양이었다. 자신도 모르고 있었던 뒷이야기가 있었다니? 태식 오빠 주변에 세 사람이 옹기종

기 모여 앉았다. 뭔가 새로운 이야기를 기대하는 얼굴들이었다. 천막 안에 그려진 카드 속 사람들도 귀를 기울이고 있는 것만 같았다.

"아까 말한 칸트 아저씨 있지? 사실 그 분은 『순수이성 비판』이라는 책으로 유명하단다. 아주 유명하면서도 아주 어려운 책이지. 너무 어려워서 그 책을 읽은 사람은 그리 많지 않아. 뭐 그건 그렇다 치고 칸트 아저씨는 그 책에서 하고 싶은 말이 많았겠지? 그런데 꼭 한 가지만 지적한다면 칸트가 그 책을 쓴 이유는 바로!"

"형, 바로 뭐?"

"오빠, 바로 뭐죠?"

"호호호, 되게 궁금하게 만드네요. 그 이유가 뭐예요?"

모두가 아우성을 치자 태식 오빠는 목적을 달성한 듯 흐뭇한 표정으로 씩 웃었다.

"칸트가 『순수이성 비판』을 쓴 이유는 바로 만디라 대신에 '이성'이라는 놈을 법정에 세우려는 것이었어."

저게 무슨 소리일까? 쉽사리 이해되지 않는 태식 오빠의 말을 듣고 세 사람은 어안이 벙벙한 표정이 되었다.

"만디라가 잘못했는데, 왜 이성을 법정에 세워요? 이성

이 무슨 잘못이 있다고? 이성은 훌륭한 거잖아요. 인간에겐 이성이 있으니까 다른 동물과 다르게 지적일 수 있다고 아까 오빠가 말했잖아요."

건미가 따지듯이 태식 오빠에게 물었다.

"하하하, 진정해. 만디라는 죄가 증명되지 않아서 풀려났지만, 칸트는 분명 만디라의 죄를 알고 있었어. 그래서 칸트는 검사로서 만디라 대신 이성을 끌고 와 법정에 세웠지. 검사 칸트가 이성을 고발한 이유가 무엇인지 궁금하지? 잘 들어 봐."

태식 오빠는 검사 칸트가 만디라 대신 이성을 고발한 이야기를 시작했다.

판사: 너는 도대체 무슨 일로 이곳까지 끌려왔는고?
이성: 제가 무엇을 잘못한 건지 도무지 알 수가 없습니다.
판사: 그렇다면 검사 칸트가 왜 너를 고발했는지 들어 보아야겠구나.
칸트: 이성은 우리에게 많은 일을 했습니다.
판사: 그렇지. 이성 없이 우리 인간들이 이 모든 문명을 건설할 수는 없었겠지.

칸트: 당연히 없었을 것입니다. 이성 능력은 신이 우리 인간에게 내려 준 가장 고귀한 선물이기도 합니다.

판사: 그래. 그런 이성을 도무지 무슨 이유 때문에 고발했단 말인가?

칸트: 독당근이란 말을 아시죠? 잘 쓰면 약이 될 수 있지만 잘못 사용하면 독이 될 수도 있는 독당근이요.

판사: 그게 지금 이 사건이랑 무슨 상관이 있단 말인가?

칸트: 상관이 있습니다. 이성은 우리에게 많은 혜택을 주지

만 한편으로는 거꾸로 우리에게 해악이 될 수도 있습니다.

이성: 제가 끼어들어도 될지 모르겠지만, 저는 도대체 제가 사람들에게 무슨 잘못을 했는지 모르겠습니다.

칸트: 엄밀히 말하자면 이성 당신의 잘못은 아니오. 당신을 잘못 사용한 사람들이 잘못한 거지. 내가 따지고 싶은 것이 바로 그겁니다. 당신을 잘못 사용해서 사람들을 잘못된 방향으로 현혹시킨 사람들이 많다는 것이지요.

이성: 그렇다면 저를 잘못 사용한 사람들을 고발할 것이지 왜 저를 고발한단 말인가요?

칸트: 그게 좀 애매합니다만, 당신이 그런 사람들에게 잘못 사용되도록 스스로 내버려 둔 것은 당신이 해야 할 일을 소홀히 한 것이지요.

판사: 좀 더 분명하게 말을 해야 하오, 칸트 검사.

칸트: 이성은 분명 놀라운 능력도 가지고 있지만 자신의 능력에 한계도 있답니다. 예를 들면 이성은 수학적 계산도 척척 할 수 있고 화학 방정식도 만들 수 있습니다. 그런데 우리 이성은 아무리 능력이 뛰어나도 신이 어떻게 생겼는지, 죽음 이후의 세계가 어떤 것인지, 하

는 따위는 알 수가 없습니다. 그런데 적지 않은 사람들이 신은 이러저러하다 혹은 죽음 이후의 세계는 이러저러하다는 식의 얘기를 서슴없이 했습니다. 우리의 이성 능력이 그것을 알 수 있다는 식으로요. 이게 가당키나 한 말인가요?

판사: 아까 이야기 나왔던 인도의 만디라 같은 경우가 그런 거군?

칸트: 네, 맞습니다. 그래서 이성은 자신이 할 수 있는 것과 없는 것을 명확히 깨치고 자신이 할 수 없는 일에 대해서는 관여하면 안 된다는 거죠. 이성은 자신이 뭐 그리 잘못이 있는가 의아하겠지만 자신이 잘못 사용되는 것을 막지 않았기 때문에 이렇게 법정에 끌려 나온 것이랍니다.

판사: 이성이 도대체 어떻게 잘못 사용되었다는 것인지 좀 더 자세히 말씀해 주게.

칸트: 네. 이성이 할 수 있는 일과 해서는 안 되는 일을 제가 분명히 구분해 놓았답니다. 여기 이 책에서 이성이 할 수 있는 것과 해서는 안 되는 것을 세세하게 설명해 놓았습니다.

판사: 그렇다면 참 잘된 일이군. 이제 이성에게 판결을 내려야 하겠군.

이성: 판사님께서 내리시는 판결에 따르겠습니다.

판사: 이번 판정은 다음과 같다. 이성은 칸트 검사가 쓴 『순수이성 비판』을 꼼꼼히 읽고 자신의 권리가 무엇인지,

또 어떤 행동을 할 경우 그것이 자신의 권리를 넘어선 것인지 아닌지 똑똑히 깨치도록 할 것.

태식 오빠가 이야기를 마쳤다. 결국 만디라는 이성을 잘못 사용해서 사람들을 속인 것이고, 또 이성은 만디라처럼 사람들이 자신을 잘못 사용하도록 내버려 두었기 때문에 법정에 끌려 나온 것이었다. 그래서 칸트 아저씨는 『순수이성 비판』이라는 책을 써서, 이성이 할 수 있는 것과 해서는 안 되는 것을 구분했다.

네 생각은 어때?

칸트 아저씨는 왜 이성을 법정에 세웠을까요?
여러분들이 그 이유를 직접 말해 보세요. ▶풀이는 190쪽에

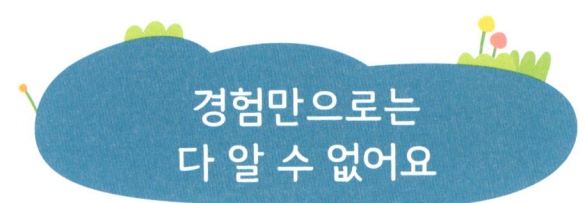

경험만으로는 다 알 수 없어요

"자, 여기 카드가 한 장, 그리고 또 한 장이 있어. 몇 개니?"

마치 연극처럼 재미있게 이야기를 해 준 태식 오빠는 난데없이 카드가 몇 장이냐고 물었다.

"우린 어린애가 아니야. 형!"

태진이는 시시한 질문에는 대답하지 않겠다는 듯한 표정을 했다. 태진이는 아무래도 형이 예쁜 누나 앞에서 호감을 사기 위해 잘난 척을 한다고 생각하는 모양이었다.

"그거야, 둘이죠."

예쁜 언니가 상냥하게 대답했다. 어라? 태진이는 어이없다는 표정이다.

"그걸 어떻게 알았죠?"

태진이는 태식이 형에게 아주 실망했다. 말 같지도 않은 말을 시켜서 예쁜 누나의 호감을 사려는 수작이 어처구니가 없었다. 흥!

"여기 카드가 한 장, 그리고 여기 또 한 장. 세어 볼까요? 하나, 둘…… 모두 두 장이군요."

건미도 태식 오빠와 언니를 번갈아 쳐다보며 고개를 갸우뚱했다.

"뭐예요? 자꾸 당연한 걸 가지고!"

"자, 우리는 하나 더하기 하나는 둘이라는 사실을 잘 알고 있지. 그건 하나에 다른 하나를 더하면 두 개가 된다는 것을 현실에서 경험하고 보았으니까 알게 된 것이겠지?"

"당근! 말밥이야!"

태진이는 냅다 소리를 질렀다. 불만 가득한 표정으로.

"그래, 우리가 알고 있는 대부분은 현실에서 늘 보고 듣고 경험한 거야. 자동차가 빠르다는 것을 아는 것도, 비행기가 하늘을 난다는 것도, 토끼가 거북이보다 빠르다는 것도 모두 보았거나 그것을 본 사람에게 들었기 때문에 아는 것이지."

태진이는 태식 오빠의 잘난 척이 못마땅해 자신도 아는

체를 했다.

"지당하신 말씀! 이 세상에서 듣지도 보지도 못한 것을 우리가 알 수는 없지. 예를 들면 지금은 태양계의 모습을 잘 알고 있어. 인공위성이나 우주선을 통해서 촬영도 했으니까. 하지만 그 이전의 사람들은 자기 마음대로 우주를 상상했겠지. 당연히 보지 못했으니까!"

잘난 척이 또 시작됐다고 태진이를 헐뜯다가 건미는 성이 난 태진이에게 꿀밤을 얻어맞았다.

"그래, 그렇지만 보지 않고 마음대로 상상하는 것은 제대로 아는 게 아니겠지? 마찬가지로 지구의 전체 모습을 보기 전까지 사람들은 갖가지 상상을 동원해서 지구의 모습을 그려 보았어. 물론 그중에는 케플러나 갈릴레이처럼 진짜 지구의 모습과 비슷하게 상상한 사람도 있지. 하지만 그들이 상상한 지구의 그림이 진짜 맞는지 아닌지는 지구를 사진으로 찍어 본 후에야 알게 된 것이지. 말하자면 케플러나 갈릴레이의 상상두 어디까지나 사실과 합치할 가능성이 높은 신뢰할 만한 상상일 뿐, 확실한 사실은 아니었다는 거야. 그럼, 다시 문제를 내 볼까? 3 더하기 4는 뭘까?"

"7이지요."

건미는 증명이라도 하듯 카드 세 개와 네 개를 일렬로 줄을 지어 세어 보았다.

하나, 둘, 셋…… 일곱!

"그럼 이번엔 제가 문제를 내 볼까요? 만 개 더하기 만 개는 몇 개일까요?"

예쁜 언니가 웃으며 문제를 냈다.

"어? 둘이 닮아 가나? 유치한 문제를 또 내고 있네!"

태진이는 짜증이 났나 보다. 건미도 실망스러웠다. 예쁜 언니는 뭔가 새로운 문제를 낼 줄 알았는데…….

"2만 개요!"

태식 오빠는 재미있는 모양이다. 병아리처럼 입을 쩍쩍 벌리며 대답을 잘도 했다.

"그런데 그건 어떻게 셀 수 있죠?"

엥? 이건 또 무슨 엉뚱한 질문일까? 예쁜 언니는 정말 궁금하다는 듯이 눈을 동그랗게 뜨고 물었다.

"그거야 손가락으로는 셀 수 없지만 계산을 하면 되죠!"

태진이가 나섰다.

"그래도 누군가는 세어 본 사람이 있을 거 아니에요?"

"글쎄, 그렇게 많은 숫자를 누가 세어 보았겠어요? 손가

115

락으로는 셀 수가 없죠."

태식 오빠의 대답에 예쁜 언니는 기다렸다는 듯이 질문을 했다.

"그럼 직접 세어 보지도 않았는데 어떻게 아는 거예요?"

"……!?"

모두들 예상치 못한 문제를 놓고 당황했다.

1억 더하기 1억은 2억인데 2억을 세어 본 사람이 있을까? 아마 기네스북을 다 뒤져도 그런 사람은 없을 것이다.

그런데 골똘히 생각하던 태식 오빠가 무릎을 탁 치더니 껄껄 웃었다.

"이런, 이런. 우리가 알고 있는 모든 지식은 경험을 통해서 알 수 있다고 했는데, 경험만 가지고는 알 수 없는 것도 있군요! 칸트의 말이 이제야 이해가 되네요."

태식 오빠는 칸트 아저씨의 '우리가 알고 있는 모든 것이 다 경험에서 나온 것은 아니다'라는 말을 이제야 이해할 것 같다고 했다.

그러고 보니 경험만으로는 알 수 없는 것이 참 많은 듯했다. 건미와 태진이, 태식 오빠는 앞으로 또 어떤 것을 깨닫게 될까?

철학자의 생각

이성을 너무 믿거나 남용하면 안 되는 이유

이성의 힘은 위대하지만 한계도 있다

이번 장에서는 칸트 아저씨가 검사가 되어 이성을 법정에 세웠습니다. 도대체 이성이 무슨 잘못을 한 걸까요?

칸트 아저씨의 고발 내용을 듣자 하니 이성이 자신의 권리를 남용했다고 하는군요. 도대체 자신의 권리를 어떻게 잘못 사용했다는 것인지 여러분은 다 이해했나요?

네, 다시 한번 말씀드리자면 바로 그런 이유 때문이랍니다. 이성이 너무나도 자신의 능력을 자신한 나머지 자신이 할 수 있는 한계를 넘어 사용하도록 했다는 것이지요.

인간에게 이성이 얼마나 중요한 능력인지는 여러분 모두 잘 알고 있을 텐데요. 예를 들면 우리가 어려운 덧셈과 뺄셈을 할 수 있는 것은 모두 이성 능력 덕분입니다. 또 어떤 일은 해서 좋은 일이고, 어떤 일은 해서는 안 되는 일인지 도덕적 판단을 하는 것도 이성 능력 덕분입니다. 배가 고프다고 해서 돈도 안 내고 상점에 가서 빵을 덥석 집어먹을 수는 없습니다. 배가 고프지만 참을 수 있는 것은 바로 우리에게 이성이 있기 때문이지요.

컴퓨터를 만들고 인터넷을 구축하며 로봇을 창조할 수 있는 것도 모두 이성 덕분인데요. 이 좋은 이성을 칸트 아저씨가 왜 고발했는지 여러분 모두 이해하겠죠?

이성은 할 수 있는 것도 많지만 할 수 없는 것도 많다

아무리 뛰어난 능력을 가진 이성이라 하더라도 결코 전지전능하지는 않아요. 예를 들면 '신'과 '영혼' 혹은 '귀신'과 같은 것은 도무지 이성으로는 파악할 수 없습니다. 인간이 죽고 난 후 영혼 세계가 존재하는지 안 하는지는 아무리 증명을 하려 하거나 그럴싸한 구실을 댄다 해도 정답을 구할 수 없습니다.

그런데 간혹 사람들은 이성의 힘을 과신하거나 이성을 빙자하여 신의 존재를 증명할 수 있다느니, 죽음 이후에도 영혼의 세계가 존재한다느니 하는 주장을 합니다. 이런 주장들은 결코 이성의 능

력으로 증명할 수 있는 것들이 아니랍니다. 그런데도 이런 주장을 하는 사람들이 있지요.

칸트 아저씨가 지은 『순수이성 비판』이라는 책은 인간의 이성이 할 수 있는 일과 해서는 안 되는 일을 잘 구별해 놓고 있답니다.

즐거운 독서 퀴즈

1 칸트는 『순수이성 비판』이라는 책에서 이성을 고발하고 법정에 세우는 장면을 담았어요. 다음은 칸트가 주장한 말이에요. 칸트의 법정에 등장하지 않는 것(또는 사람)은 무엇일까요?
( )

> 이성은 분명 놀라운 능력도 가지고 있지만 자신의 능력에 한계도 있답니다. 예를 들면 이성은 수학적 계산도 척척 할 수 있고 화학 방정식도 만들 수 있습니다. 그런데 우리 이성은 아무리 능력이 뛰어나도 신이 어떻게 생겼는지, 죽음 이후의 세계가 어떤 것인지, 하는 따위는 알 수가 없습니다. 그런데 적지 않은 사람들이 신은 이러저러하다 혹은 죽음 이후의 세계는 이러저러하다는 식의 얘기를 서슴없이 했습니다. 우리의 이성 능력이 그것을 알 수 있다는 식으로요. 이게 가당키나 한 말인가요?

❶ 이성　　❷ 판사　　❸ 칸트　　❹ 프로이트

정답

❹ 프로이트

2 다음 글에서 설명하는 단어는 무엇일까요? (   )

- 위대하지만 때로는 어리석다.
- 칸트가 이것을 고발하고 법정에 세웠다.
- 다른 동물과 구별할 수 있게 해주는 인간의 능력.
- 칸트가 평생 탐구한 연구 대상.

❶ 지동설   ❷ 이성   ❸ 최고선   ❹ 자유

3 칸트는 이성의 능력으로 그 존재를 증명할 수 있는 것과 증명할 수 없는 것을 구별해야 한다고 말했어요. 아래 낱말 중 증명할 수 없는 것에 동그라미 쳐 보세요.

| 영혼 | 하늘 | 귀신 |
| 컴퓨터 | 신 | 공기 |

정답

2 ❷ 이성
3 영혼, 귀신, 신

인간은 교육을 통하지 않고는
인간이 될 수 없는
유일한 존재다.
　　　　　　　—칸트

4
생각할 수 있다고
아는 것은 아니야

우하하!
이 김밥같이 생긴 걸 케밥이라고 만든 거야?
쯧쯧, 세상만사가 생각대로 되는 건 아니니라.
칸트 아저씨 왈,
생각하는 것과 아는 것은 다르다! 알았니?

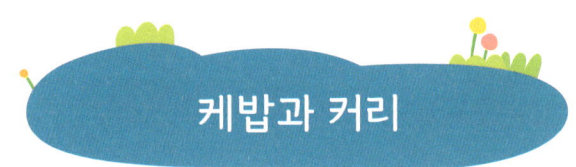

케밥과 커리

"아, 너무 배고파서 뭘 좀 먹어야겠어!"

태진이가 천막 밖으로 나가자 건미도 슬그머니 빠져나왔다. 그러고 보니 2시가 넘었다. 점심 먹을 시간이 한참이나 지났다. 건미의 뱃속에서 밥을 달라고 아우성치는 소리가 들리는 듯했다. 건미와 태진이가 두리번거리며 음식 파는 곳을 찾았지만 선뜻 눈에 띄지 않았다. 건미는 태식 오빠가 빨리 나오지 않는 것이 마음에 걸렸다. 혹시 태식 오빠가 타로점 언니에게 데이트 신청을 하고 있는 건 아닌지, 괜히 심술이 났다. 두리번거리고 있는 태진이와 건미 곁으로 태식 오빠가 뛰어왔다.

"왜 지금 와? 타로 누나한테 데이트 신청이라도 한 거야?"

건미가 궁금했던 걸 태진이가 대신 물어봐 주는 셈이었다. 이럴 때는 태진이가 건미의 속마음을 잘 알고 있는 것도 같다.

"야, 인마! 음식 파는 곳을 물어보느라 늦은 거야."

태식 오빠는 태진이의 어깨를 툭 쳤다. 그럼 그렇지, 태식 오빠처럼 이성적이고 똑똑한 사람이 그깟 데이트에 연연할 리가……. 건미는 괜히 입이 귀에 걸렸다.

"오빠, 근데 음식점은 어디 있어요?"

"저쪽으로 가 보자!"

태식 오빠는 건미와 태진이의 손을 잡고 뛰기 시작했다. 뱃속에 커다란 두꺼비가 들어앉았는지 꾸르륵거렸다. 아, 배고프다!

"에이, 이게 뭐야!"

태진이가 소리쳤다. 음식점이 천막으로 되어 있고 테이블은 노천에 있었다. 운치는 있지만 어째 길거리에 앉아 있는 기분이었다. 더 황당한 것은 완성된 음식은 팔지 않는다는 것이었다. 세계의 음식을 직접 만들어 먹는 세계 음식 체험관이었다. 마치 뷔페 식당처럼 음식 재료가 쭉 펼쳐져 있

는데, 자신들이 만들 음식 재료를 가져다가 테이블에서 직접 만들어 먹는 방식이었다.

배가 몹시 고픈 태진이는 바로 음식을 먹지 못한다는 데 짜증이 났다.

"재밌겠다!"

의외로 건미는 흥미로운 체험이라고 생각했다. 태진이도 뭔가 생각을 바꿨는지 찡그린 얼굴을 펴고 팔을 걷어붙였다.

"자, 여러분. 나의 요리를 소개합니다! 내가 만들 요리는 터키의 케밥!"

"정말, 네가 케밥을 만들 수 있단 말이야? 그거 어떻게 만드는 거야? 난 말만 들었지 어떻게 생겼는지 잘 모르는 음식인데!"

태진이가 자신 있게 케밥을 만들겠다는 말에 건미는 무척 놀랐다. 건미는 라면 끓이는 것 말고는 음식을 만들어 본 적이 없었다.

"내가 지난번에 〈요리 보고 세계 보고〉라는 텔레비전 프로그램을 본 적이 있거든? 거기에 나오는 걸 얼핏 본 기억이 있어. 내 머릿속에 다 생각하고 있는 것이 있으니까 걱정

말고 내 요리나 기대하셔!"

"저, 잘난 척! 아는 척!"

태진이에게 핀잔을 주긴 했지만 건미는 기대가 컸다. 태식 오빠도 기대하는 눈치였다.

"그럼, 건미는 무슨 음식을 만들 거니?"

"저는요……. 잘하는 게 없는데. 아! 저는 인도 카레를 만들게요."

건미는 엄마가 만들어 주시는 카레가 원래 인도 음식이라는 것을 잘 알고 있었다. 그거야 밥에 카레를 얹어 오기만 하면 되니까 식은 죽 먹기겠지.

"그래, 인도에서는 카레가 아니라 커리라고 한단다. 어쨌든 난 여기서 두 사람의 음식을 기다리고 있을게. 기대해도 좋지?"

태진이와 건미는 자신 있게 음식 재료를 향해 걸어갔다. 태식 오빠는 가방을 지키며 테이블에서 기다리기로 했고, 태진이는 터키의 케밥 재료를 그리고 건미는 인도의 카레 재료를 담아 오기로 했다.

음식 재료를 담아 테이블로 돌아온 태진이와 건미는 아주 심각하게 음식을 완성해 갔다. 태식 오빠는 빙그레 웃으

며 두 사람이 하는 음식을 유심히 쳐다보았다.

"다 됐다!"

태진이가 음식을 내놓았다. 건미의 음식은 이미 다 만들어진 상태였다.

"그럼 건미의 카레부터 볼까?"

건미는 밥 위에 얹은 카레를 숟가락으로 비볐다. 태식 오빠는 음식 재료가 있는 곳으로 가서 무언가를 더 들고 왔다.

"자, 카레에 이 '지라'라는 향신료를 뿌리고, 둥글고 납작하게 구운 이 '난'이라는 빵을 조금씩 떼어 오른쪽 손으로만 이렇게 찍어 먹는 거야."

태식 오빠는 난을 작게 찢어 카레에 찍더니 오른손을 사용해 먹었다. 손가락에 묻은 카레를 쪽쪽 빨아먹기까지 했다. 보통 먹는 카레와는 좀 달랐다. 건미와 태진이도 태식 오빠가 가르쳐 준 대로 카레를 먹어 보았다.

"웩! 맛이 이상해! 이상한 냄새가 나!"

태진이가 물을 벌컥벌컥 마셨다.

"하하하! 향신료 때문일 거야. 인도 사람들은 음식에 여러 가지 향신료를 많이 쓰거든."

"정말 내가 생각했던 것과는 딴판이에요. 우리가 보통

먹는 카레와 똑같을 거라 생각했는데 먹는 방법도, 맛도 완전히 달라요."

건미와 태진이는 아무래도 향신료의 향 때문에 인도 카레를 입에 대지 못했다. 태식 오빠는 여러 나라의 음식을 체험하는 것이 중요하다며 그 이상한 향이 나는 카레를 잘도 먹었다.

"짠! 기대하시라. 나의 요리를!"

태진이가 만든 케밥은 아주 그럴싸했다. 얇은 크레페 안에 여러 가지 재료를 넣고 돌돌 말아서 만든 음식이었다. 그런데 어찌나 크게 말았는지 한입에 들어가기 힘들어 보였다.

"도대체 이거 어떻게 먹는 거야? 좀 썰어서 먹어야 하지 않을까?"

건미가 난감해하자 태진이가 나섰다.

"케밥도 모르는 이 바보! 이건 그냥 이렇게 들고 베어 먹는 거야!"

태진이가 케밥을 하나 들고 입을 하마처럼 쩍 벌리고 힘겹게 한입 베어 물었다. 태진이의 입 밖으로 밥알이 막 튀어나왔다.

"하하하!"

태식 오빠는 고개가 뒤로 넘어가도록 웃었다. 건미는 영문을 몰랐다. 오히려 태진이가 힘들게 먹는 모습이 안타까웠다.

태식 오빠는 웃음을 멈추더니 태진이가 만든 케밥을 펼쳐 보았다. 그러고는 아까보다 더 크게 웃었다.

"이게 뭐니?"

"뭐긴 뭐야? 케밥이지!"

태진이는 태식 오빠가 자신을 놀리는 것이 못마땅한 모양이었다.

"김 대신 크레페를 깔았을 뿐이지 김밥이 따로 없구나? 하하하."

"뭐? 내 케밥을 김밥에 비교하다니!"

태진이가 크게 화를 냈다. 얼마나 정성 들여 만든 음식인데…….

"자, 봐봐! 크레페에 밥을 깔고 햄을 깔고 시금치를 깔고 토마토를 깔고 생선을 발라서 깔고 양파를 깔고 돌돌 말았잖아. 여기에 왜 밥을 깐 거야?"

"케밥이니까 밥이 들어간다고 생각했지, 뭐!"

태진이는 머리를 긁적였다.

"케밥은 이런 얇은 빵 위에 잘게 다진 야채들을 넣고 소시지나 구운 생선을 넣어 말아서 간단하게 먹는 음식이야. 밥은 들어가지 않아."

건미도 소리 내어 웃었다. 잘난 척하던 태진이가 한방 먹으니 쌤통이라는 생각이 들었다.

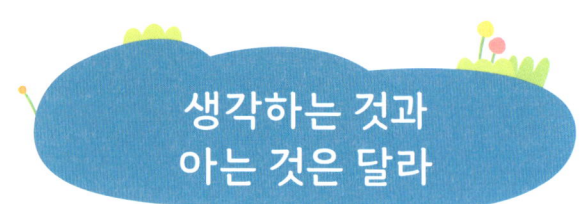

생각하는 것과 아는 것은 달라

"에이, 요리 프로그램에서 소개한 케밥이 간단해 보여서 쉽게 만들 줄 알았는데."

태진이는 아직도 자신이 만든 케밥이 왜 실패했는지 모르겠다며 툴툴댔다.

"생각한다고 해서 모두 되는 건 아니지. 태진이는 케밥을 만들 수 있을 거라고 생각은 했지만, 사실은 케밥에 대해 알고 있지는 못했던 거야."

"아니, 알고 있다니까! 지난번에 본 적도 있고……."

"아니야. 태진아 잘 들어 봐. 너는 케밥 만드는 방법을 알고 있었던 것이 아니라, 만들 수 있을 거라는 생각만 했어.

그렇지? 케밥 만드는 법을 정확히 알고 있어야 제대로 만들 수 있지, 생각만 한다고 되니?"

"그럼 생각하는 것과 아는 것이 다르단 말이야?"

아는 만큼 생각한 것이니까 생각한 것이나 아는 것이나 무슨 차이가 있을까 싶어 태진이는 태식이 형의 말이 잘 이해되지 않았다.

"그래, 아는 것과 생각하는 것은 분명히 다른 거야. 내가 쉽게 예를 들어 줄게. 음……. 아! 이거면 되겠다. 너희들, 미국의 수도가 어딘지 알아?"

"그거야, 워싱턴이지요."

건미가 대답했다. 미국의 수도쯤이야 유치원생도 알 것이다.

"그럼 워싱턴이 어떤 곳인지 아니?"

"당연하죠. 미국의 첫 대통령이었던 워싱턴 대통령이 살던 곳!"

건미가 뽐내며 말했다.

"미국 대통령이 사는 백악관도 있고 다른 도시들처럼 높은 건물들도 있을 테고!"

태진이는 태식이 형이 당연한 얘기를 묻는다고 생각했다.

"흐음, 그래? 워싱턴을 가 봐서 아는 거니?"

"가긴 거길 어떻게 가? 다 생각하고 그냥 아는 거니까 대답한 거지."

"그것 봐. 우리는 워싱턴의 모습을 상상하고 생각할 수는 있어. 그렇지만 그게 워싱턴에 대해서 알고 있는 건 아니란 말이야. 워싱턴을 알기 위해서는 워싱턴에서 살았거나, 워싱턴을 여행했거나, 그것도 아니면 적어도 워싱턴을 소개한 책이나 영화를 자세하게 봤어야 했어."

"아, 정말 오빠 말이 맞네요."

건미는 고개를 끄덕였다. 건미 역시 카레를 알고 있다고 생각했는데 실제 카레와는 무척 달랐다. 케밥에 대해서 생각만 했을 뿐 알고 있지는 못한 것이었다. 케밥에 대해서 안다면 적어도 케밥 만드는 법에 대해서 정확하게 알고 있어야 했다. 건미는 그저 책에서 케밥 사진과 그것에 대한 간단한 설명만을 읽었을 뿐이다. 이걸 가지고 케밥에 대해서 안다고 말할 수는 없을 것이다.

"그래서 칸트 아저씨가 이런 충고를 했단다. 우리가 생각한다고 해서 아는 것은 아니다. 그러니까 생각하는 것과 아는 것은 다르다는 얘기지."

"난 워싱턴 이름만 알아도 워싱턴을 아는 거라고 생각했는데……."

건미가 처음에 세계 풍물 시장이라는 말만 듣고, 생각했던 것과 실제로 봤던 시장이 너무 달라 실망했던 기억이 떠올랐다. 아는 것과 생각하는 것은 확실히 다른 것 같았다.

네 생각은 어때?

대충 아는 것과 제대로 아는 것의 차이는 무엇인지 설명해 보세요.

▶풀이는 191쪽에

바보 동네 이야기

 어설프게 만들어진 케밥과 카레를 먹은 것은 재미있는 경험이었다. 생각할 수 있다고 아는 것이 아니라는 사실도 알게 되었다. 세 사람은 제법 부른 배를 두드리며 자리에 앉아서 쉬고 있었다.
 "얘들아, 또 재미난 이야기 들려줄까?"
 "에이, 형은 만날 재미난 이야기라고 해 놓고 심각한 이야기만 해. 코드가 안 맞아."
 "태진이 너 가만있어. 난 오빠 얘기가 재밌기만 하다 뭘."
 "하하하, 이번엔 정말 재미있는 이야기야. 바보 이야기란다."

"진짜? 안 재미있으면 각오해, 형."

태식 오빠는 으름장을 놓는 태진이 머리를 콩 쥐어박으며 웃었다. 그리고 조곤조곤 이야기를 시작했다.

옛날에 바보들만 사는 동네가 있었어. 어느 날 밤 한 골목에서 옥신각신 실랑이가 벌어지고 있었지. 두 사람이 큰소리로 티격태격하고 있는 거야. 그 동네 사람들인 것 같아. 바보들만 사는 동네니까 두 사람도 모두 바보겠지? 밤하늘에 떠 있는 달을 손가락으로 가리키면서 큰 소리로 싸우고 있었어. 그때 지나가던 행인이 궁금한 듯 바라보고 있었단다.

바보 1: 내 말이 맞아. 틀림없어. 저건 해야. 저렇게 크고 둥근 게 어떻게 별이란 말이야?

바보 2: 정말 바보군. 저게 어떻게 해라는 거야? 해는 낮에 뜨는 거야. 그러니 별이지.

바보 1: 정말 어처구니가 없군. 저걸 별이라고 우기는 바보가 세상에 자네 말고 또 어디 있겠어?

바보 2: 어이쿠. 정말 어처구니가 없어도 이렇게 없을 수가. 정말 자네 같은 사람과 한동네에 산다는 사실이 부끄

럽구먼.

두 바보는 지나가던 행인에게 물어보기로 했지. 누가 더 어리석은지 말이야. 두 바보가 동시에 행인에게 물었어.

바보 1, 2: 저, 실례지만 뭐 좀 물어봐도 될까요?
행인: 뭐든지 물러보시게.
바보 1: 저 하늘에 떠 있는 거 보이시죠?
행인: 그렇네.
바보 2: 글쎄 저걸 이 친구가 해라고 우기는 거예요.
바보 1: 당연하지. 저 친구가 저 해를 보고 자꾸 별이라고 우기거든요. 그러니 저게 뭔지 좀 분명하게 말씀해 주세요. 도대체 저게 해인가요, 별인가요?

그런데 행인은 계속 머뭇거리기만 할 뿐 선뜻 대답을 하지 않는 거야. 그러다가 한참이 지나서 힘들게 말을 꺼냈지.

행인: 글쎄요. 실은 저…….

두 바보는 너무 답답했어. 누가 맞다고 대답해 줄지 궁금했거든. 행인이 결국 한 말은 뭐였을까? 그건 말이야…….

행인: 저는 이 동네에 이사 온 지 며칠밖에 안 돼서 잘 모르겠어요.

"하하하. 어때, 바보 동네 사람들 얘기 정말 재미있지?"
"하하하! 정말 웃기다!"
건미와 태진이는 바보 같은 세 사람 때문에 배꼽이 빠질 지경이었다.
"누가 더 바보인 것 같니?"
"당연히 행인이 더 바보지, 형!"
달을 모르는 바보는 하늘에 떠 있는 동그라미 모양을 보고 해라고 했을 테고, 또 다른 바보는 밤하늘을 빛내는 것은 별이라고 단정한 것이다. 조금은 뭔가 알고 있으니까 아무것도 모르는 행인보다 더 나아 보일 수는 있다.
"그러니까 바보들도 뭔가 알고는 있는데 제대로 알지 못하고 어설프게 알고 있다는 얘기지? 아까 케밥을 어설프게 알고 김밥처럼 만들었던 태진이처럼."

태식 오빠가 태진이를 놀리자 건미는 아주 신이 났다. 태진이는 자꾸 놀리는 형이 밉지만 자신이 어설프게 만든 케밥 생각이 나서 대꾸도 하지 못했다.
　"옛날 사람들도 달에 대해 잘 몰랐어. 그래서 달에 방아를 찧는 토끼가 살고 있다는 낭만적인 상상을 하기도 했대."
　"이제 보니까 안다는 건 생각보다 정말 힘든 일인 것 같아요. 어떤 것에 대해서 정확하게 알고 있어야지만 제대로 안다고 말할 수 있을 테니까요."
　건미는 쉽게 안다고 생각했던 것들이 실제로는 잘 모르는 것일 수 있다는 사실을 깨달았다.

생각은 할 수 있지만 알 수 없는 것이 많아

"우리가 안다고 생각하는 것 중에는 정말 원래부터 알 수 없는 것도 있단다. 그저 우리가 안다고 생각할 뿐이지. 예를 들면 종교 같은 것인데, 사람들은 대부분 신이 존재한다고 믿잖아. 그러나 신은 존재할 수도 있고 그렇지 않을 수도 있어."

"그렇지만 신은 정말 있지 않을까요? 세상에 얼마나 많은 사람들이 교회에 다니고 또 신을 믿고 있는데요. 교회뿐인가요? 절도 그렇고, 이슬람도 그렇고, 힌두교도 그렇고, 무속 신앙도 그렇고……. 그럼 그 사람들이 모두 다 바보인가요?"

건미는 생각했다. 태식 오빠의 말대로라면 이 세상엔 바보가 너무 많은 것 아닌가?

"아니, 내 말의 의미는 그게 아니야. 신이 있는지 없는지를 따지자는 게 아니야. 이제 우리는 생각하는 것과 아는 것이 다르다는 걸 알잖아, 그지? 그렇다면 신은 우리가 생각할 수 있는 것일까, 알 수 있는 것일까?"

"아, 무슨 말인지 알겠다. 형, 그러니까 신은 알 수 있는 것이 아니라, 우리가 생각만 할 수 있는 것이란 말이지?"

태진이가 자기는 다 이해했다는 양 고개를 크게 끄덕이면서 말했다.

"그래, 맞아. 내가 하고 싶은 말이 그거야. 물론 칸트 아저씨가 한 말이지만. 그런데 어떤 사람들은 자신이 신의 모습을 봤느니, 혹은 우주의 끝을 봤느니 하는 말을 하지. 그리고 서로 자기 말이 맞다고 싸우기까지 해. 그래서 칸트는 알 수 없는 문제로 싸우지 말라고 했어. 왜냐하면 '생각하는 것'과 '아는 것'은 다르고, '생각은 할 수 있지만 알 수는 없는 것'이 있기 때문이야."

"맞아, 같은 신앙을 갖고 있는 사람들끼리도 자기가 알고 있다고 주장하는 신의 모습이 제각각 다르더라고. 그래서 누구의 주장이 맞는지 확인할 방법도 없는데, 서로 싸우고 말이야."

태진이가 태식 오빠의 말에 맞장구를 쳤다. 그런데 고개를 돌리던 태진이가 무언가를 보고는 갑자기 뛰어갔다. 돌아오는 태진이의 손에 비닐봉지가 들려 있었다.

"태진아 손에 든 게 뭐니?"

건미가 궁금했던 것을 태식 오빠가 물었다.

"아이, 분명 소금을 넣어 달라고 했는데……. 대체 어디에 넣어 주신 거지?"

태진이는 대답 대신에 자리에 앉아서 봉지를 뒤적거리고 있었다. 봉지 안을 들여다보니 삶은 계란 여러 개가 들어 있었다.

"이 돼지야! 또 먹을 궁리만 하는구나. 넌 배도 안 부르니?"

"야! 여기 있다!"

태진이는 뭔가 대단한 걸 발견한 듯이 아주 신이 나 박수까지 쳤다.

"아는 게 많은 사람은 먹고 싶은 것도 많은 법이야!"

태진이는 껍데기를 까서 달걀을 소금에 콕 찍어 맛있게도 먹었다. 쳐다보던 건미가 침을 꿀꺽 삼켰다. 하나 먹고

싶지만 태진이에게 핀잔을 주었던 터라 차마 먹겠다는 말이 안 나왔다.

"이 돼지야! 아예 닭을 잡아먹어라!"

"흥, 남이야! 달걀을 잡든, 닭을 잡든!"

건미와 태진이의 말싸움을 듣고 있던 태식 오빠가 재미있다는 듯 하하하 웃었다. 건미는 달걀 냄새 때문에 자꾸 침이 꼴깍꼴깍 넘어갔다.

"태진아, 근데 닭이 먼저냐, 달걀이 먼저냐?"

목이 메는지 캑캑거리던 태진이가 음료수를 한 모금 삼켰다.

"그야, 달걀이 먼저지."

"어째서 달걀이 먼저냐? 닭이 먼저지. 부모 없이 태어나는 새끼 봤냐? 닭이 있어야 달걀이 나오든가 계란이 나오든가 하지."

건미가 반박했다. 하나쯤 먹어 보라는 말도 않고 혼자 돼지처럼 먹어 대는 태진이가 얄미워서 그런지 건미는 더 툴툴거렸다.

"이 바보! 그 닭은 그럼 어디서 태어났겠냐? 달걀에서 태어나 자란 것이지, 그럼 당나귀겠냐?"

"어? 또 나보고 바보래? 이 잘난 척아!"

아무리 화해를 하려고 마음먹어도 화해를 할 수 없는 아이였다. 자꾸 바보라고 놀리는 태진이는 정말로 건미를 바보라고 생각하는 걸까?

"모든 것은 시작과 끝이 있는 법이지. 시작은 달걀에서부터 끝은 닭으로! 생각해 봐라. 달걀이 닭보다 시간적으로 먼저 아니야?"

태진이는 당연하다는 듯 논리를 폈다.

"그러니까 그 달걀은 어디서 나왔겠냐고!"

건미는 답답해 죽겠다는 듯 제 가슴을 쾅쾅 쳤다. 태식 오빠는 두 손을 들어 흔들면서 그만두라는 시늉을 했다.

"그만, 그만. 어? 싸우라고 물어본 건 아닌데! 하하하. 내 질문이 그리 쉬운 문제는 아니었어. 닭이 먼저라고 해도 문제가 생기고 달걀이 먼저라고 해도 문제가 생기니까."

"그러니까 한마디로 말해, 형! 답이 뭐야?"

태진이가 결판을 내 달라고 억지를 부렸다.

"답? 실망스럽겠지만 답은 없단다. 닭이 먼저라고 해도 이치에 맞지 않고, 달걀이 먼저라고 해도 이치에 맞지 않아. 그러니까 '닭이 먼저인가, 달걀이 먼저인가?' 하는 질문은

도저히 풀 수 없어. 만약 한쪽 주장이 옳다고 고집하면 어떻게 될까? 그건 억지일 뿐이야. 결코 과학적으로 증명할 수 없을 테니까."

태식 오빠가 차분하게 대답해 주었다.

"형은 왜 답도 없는 문제를 내서 괜히 싸움을 붙이고 그래?"

태진이는 건미에게 우긴 것이 슬그머니 미안해졌다. 이젠 건미를 바보라고 놀리지 않겠다고 아까 차 타기 전에 마음속으로 다짐했다. 그런데 태식이 형 때문에 그 다짐이 금방 무너져 버렸다.

"하하하, 싸움을 붙이려고 한 건 아니야. 태진아, 건미야! 미안해. 난 조금 전에 우리가 이야기했던 칸트 아저씨가 생각나서 그냥 물어본 거야. 칸트 아저씨도 비슷한 생각을 했거든. '과연 이 세상의 처음 시작이 있었을까?' 하고 말이야."

"시작이 있었으니까 지금 우리가 살고 있는 것 아닌가요?"

건미는 태진이와 싸운 것이 미안해서 얼른 딴청을 피우며 태식 오빠의 말에 귀 기울였다.

"그래, 건미 말대로 세상의 처음이 있다고 쳐 볼까? 자, 어느 순간에 세상이 시작되었다고 치자. 그러면 그 순간의

이전은 없었다는 건데……. 그게 가능할까? 시작이 있었다면 어느 한 순간이 시작된 순간일 텐데 그 시작된 순간 이전에도 분명 시간이 있어야 하지 않을까? 이렇게 보면 시간이 시작된 첫 순간이 있다는 것도 말이 안 되는 것 같지?"

"그럼 세상의 처음 시작이 없다고 상상하면 어떤 문제가 생겨?"

태진이도 마음이 조금 풀린 모양이다. 조금은 부드러운 목소리로 물었다.

"도대체 시작이 없다니? 시작이 없다는 것이 과연 있을 수 있는 일일까? 아무리 시작이 없다는 것을 생각해 보려고 해도 시작이 없다는 것은 말이 되지 않아."

태진이와 건미는 고개를 갸우뚱할 수밖에 없었다. 닭이 먼저냐 달걀이 먼저냐 하는 문제와 똑같았기 때문이다.

"그래, 세상의 처음 시작이 있다고 해도 말이 안 되고, 세상의 처음 시작이 없다고 해도 말이 안 되는 거야. 결국 어느 한쪽이 맞는 거라고 주장할 경우, 바로 모순에 빠지게 되는 거지. 칸트 아저씨가 이런 예를 든 이유를 이제부터 말해 줄게. 우리 인간들은 간혹 자신이 명확하게 증명할 수 없거나 알 수 없는 것, 혹은 실제로 있지 않은 것을 마치 진짜 아는 것이나 완전히 증명된 것처럼 주장하는 경우가 많아. 이것이 법정에서 칸트 아저씨가 말했듯이 이성을 잘못 사용한 경우이지. 실제 있는지 없는지 도무지 증명할 수 없는 것들, 가령 영혼이나 귀신 등을 마치 진짜 경험하고 증명할 수 있다고 내세우는 건 올바르지 않아."

"그럼 칸트 아저씨는 신을 부정한 사람이에요?"

건미는 궁금했다.

"아니, 칸트 아저씨는 신이나 종교를 부정하기 위해서 그렇게 말한 건 결코 아니야. 철학계에서도 죽을 때까지 신을 경건하게 숭배한 사람으로 잘 알려져 있으니까. 다만 우리가 신에 대해서 생각할 수는 있지만, 결코 신을 안다고는 할 수 없다고 주장한 거지. 신을 안다고 주장하는 것은 아까 내세를 판 사기꾼 만다라나 다름이 없다는 거야. 그러니 신이나 영혼에 대해서 안다고 말하는 것은 전혀 이치에 맞지 않아. 현실에선 경험할 수 없는 것이기 때문이지. 단지 믿음의 문제일 뿐이라는 거야."

칸트 아저씨는 굉장히 엄격한 사람이었던 것 같다. 아는 것과 생각하는 것이 다름을 엄격히 구분하고 있다. 칸트 아저씨의 말은 결국 다음과 같이 정리할 수 있다. 우리가 진짜

그 진실 여부를 확인할 길이 없는 것에 대해서는 안다고 말할 수 없다!

네 생각은 어때?

닭이 먼저인지 달걀이 먼저인지, 혹은 우주의 시작이 있는지 없는지에 대해서 답할 수 있을까요? ▶풀이는 191쪽에

철학자의 생각

이성이 할 수 있는 것과
할 수 없는 것

안다는 것이 정말 아는 것일까?

생각하는 것과 아는 것은 다르답니다. 여러분들은 생각은 할 수 있지만 정작 생각만큼 잘 알지 못하는 것이 많을 거예요. 어린 동생한테 한번 물어보세요. 물이 왜 끓는 거냐고요? 물을 냄비에 넣고 불 위에 두면 이내 물이 끓는다는 것을 누구나 압니다. 어린 동생도 잘 알고 있을 거예요. 하지만 왜 끓는지, 그 이유를 정확히 설명할 수 있나요?

우리가 보통 안다고 생각하는 것은 제대로 아는 것이 아니라 그저 안다고 생각하는 것뿐입니다. 어떤 것들이 있는지 한번 생각해 볼까요?

앞에서 태진이가 케밥을 보고 만들기 쉽겠구나, 하고 착각한 것

도 그렇습니다. 예를 들어, 여러분은 사진기로 쉽게 사진을 찍을 수 있어요. 하지만 사진을 찍을 줄 안다고 해서 사진기에 대해 아는 것은 아닐 거예요. 여러분 중 사진기의 원리를 정확하게 아는 사람이 몇 명이나 될까요? 그다지 많지 않을 것입니다. 사진기의 원리를 정확하게 안다면 전문가처럼 사진을 찍을 수 있을 겁니다. 사진기의 원리를 모르면 대충 찍을 수는 있어도 전문 사진가처럼 훌륭하게 찍기는 힘들 거예요.

그러니까 어떤 것을 정확하게 안다는 것은 대충 알거나 생각만 할 수 있는 것을 의미하지는 않아요. 그렇기 때문에 어떤 것이든 제대로 알기 위해 노력해야겠죠?

인간의 이성으로 답할 수 없는 문제

또 '닭이 먼저일까, 달걀이 먼저일까?'라는 문제를 생각해 볼까요? 이 물음은 어떤 답을 선택한다 해도 반대 논증이 가능합니다. 닭이 먼저라고 한다면 '그 닭은 어디서 나왔는가' 하는 의문이 생길 것이고, 달걀이 먼저라고 하면 '닭 없이 어떻게 달걀이 생길 수 있는가' 하는 의문이 생기겠죠. 이런 질문은 대답하기 불가능합니다.

우주의 처음 시작이 있느냐 없느냐에 대한 물음도 마찬가지입니다. 만약 시작이 있다고 한다면 '그 시작 이전은 무엇이었는가' 하는 의문이 생길 테고, 시작이 없었다고 한다면 '시작 없이 어떻게 시간적 순서가 있을 수 있는가' 하는 의문이 생깁니다.

칸트 아저씨는 이런 질문은 그 자체로 대답할 수 없는 질문이라고 생각했습니다. 그렇지만 이들이 어리석기만 한 질문이라고 생각하지는 않았습니다.

눈에 보이지는 않지만 존재하는 것, 이념과 북극점

게다가 눈에 보이거나 실제로 있지는 않지만 우리에게 꼭 필요한 것도 있습니다. 가령 신이 진짜로 존재하는지, 안 하는지는 증명할 수 없습니다. 하지만 이와 별개로 신이 존재한다고 믿는 것이 우리한테는 훨씬 유익할 수 있습니다. 살아 있는 동안 나쁜 일을 하면 죽어서 신한테 벌을 받는다고 생각한다면 사람들이 훨씬 더 착하게 살 수 있겠죠. 이런 경우 신을 안 믿는 것보다는 믿는 편이 훨씬 이롭다고 할 수 있습니다.

이야기를 더 확장해 볼까요? 북극점이나 위도, 경도, 날짜선도 마찬가지랍니다. 이것들은 실제로 눈에 보이지는 않아요. 하지만 진짜 있는 것처럼 제 구실을 합니다. 날짜를 계산하거나 지구상의 한 위치를 정확하게 파악하는 데 큰 도움이 되죠. 누군가가 히말라야 산맥 한가운데서 실종이 되었다고 해 봅시다. 정확한 좌표를 모른다면 실종자의 위치를 제대로 파악할 수 없을 거예요. 하지만 위도와 경도로 정확한 좌표를 알 수 있다면 실종자 위치를 찾기가 훨씬 쉬워집니다.

실제로 존재하지 않는 것들 중에는 삶의 편리나 좀 더 나은 삶을 위해 반드시 필요한 것이 있습니다. 칸트 아저씨는 이런 것들을 '이념'이라고 했습니다. 사람들 모두가 마음속에 평화라는 이념을 가지고 있다면 이 세상이 훨씬 더 평화로워질 수 있겠죠. 이것이 바로 칸트 아저씨가 여러분에게 들려주고 싶은 생각이랍니다.

즐거운 독서 퀴즈

1 칸트는 '닭이 먼저냐, 달걀이 먼저냐?'처럼 답이 없는 질문을 해서는 안 된다고 했어요. 그 답을 증명할 수 없기 때문이죠. 이처럼 답이 없는 질문에는 × 표시를, 답이 있는 질문에는 ○ 표시를 해 보세요.

❶ 우주의 시작은 있을까, 없을까?　　　　　　　　　(　　)

❷ 귀신이 있을까, 없을까?　　　　　　　　　　　　(　　)

❸ 하나님은 있을까, 없을까?　　　　　　　　　　　(　　)

❹ 북극점은 있을까, 없을까?　　　　　　　　　　　(　　)

정답
❶ × ❷ ×
❸ × ❹ ○

2 다음은 칸트의 철학적 생각을 담은 문장이에요. (   ) 안에 공통으로 들어가는 단어를 넣어 보세요.

세상의 처음 시작이 있다고 해도 말이 안 되고, 세상의 처음 시작이 없다고 해도 말이 안 돼. 결국 어느 한쪽이 맞는 거라고 주장할 경우 모순에 빠지게 돼. 인간은 간혹 자신이 명확하게 (   )할 수 없거나 알 수 없는 것, 혹은 실제로 있지 않은 것을 마치 진짜 아는 것이나 완전히 (   )된 것처럼 주장하는 경우가 많아. 이것이야말로 칸트가 말했듯이 이성을 잘못 사용한 경우야. 실제 있는지 없는지 도무지 (   )할 수 없는 것들, 가령 영혼이나 귀신을 마치 진짜 경험하고 (   )할 수 있다고 내세우는 것은 올바르지 않아.

❶ 이성   ❷ 증명   ❸ 의심   ❹ 마음

정답

자기와 남의 인격을
수단으로 삼지 말고
항상 목적으로
대우해야 한다.

　　　　　—칸트

5. 안다는 것

아는 것도 중요하지만 그보다 더 중요한 게 있어.
그게 뭔지 아니? 뭐, 모른다고?
그럼 다알아 박사님의 이야기를 끝까지 읽어 보렴.
바로 알게 될 거야, 호호호!

원 그리기

　비록 김밥 같은 케밥이었지만 배부르게 먹은 세 사람은 소화를 시켜야 했다. 페루에서 만든 오카리나를 가르쳐 주는 곳이 눈에 띠었다. 목동이 외로움을 달래기 위해 불었다는 오카리나를 연주하는 젊은 페루 청년은 정말 목동처럼 보였다. 오카리나 소리에 양이 한 마리 두 마리 모여들 것 같았다. 건미는 오카리나를 배우고 싶었다. 그런데 태진이가 반대를 했다. 일단 페루 청년의 말을 잘 알아듣지 못해 답답하기 때문이기도 했지만 태진이는 자신이 잘할 만한 걸 하고 싶었다. 뭐든지 잘 알고 잘하는 태진이지만 음악만은 젬병이다. 노래 실력도 별로고. 오카리나에 흥미를 갖고 기웃거리는 건미를 겨우 떼어 내 여기저기 둘러보던 태진이가 소리를 질렀다.
"와! 저거 재밌겠다!"
태진이가 발견한 것은 우리나라 전통 놀이 중 하나인 자치기 놀이였다. 짧고 긴 막대 두 개를 가지고 하는 놀이인데 짧은 막대를 메뚜기, 긴 막대를 채라고 했다. 메뚜기를 큰 '오' 자처럼 쓴 글씨 안에 던져 동그라미 안에 들어가면 세 번, 세로 기둥에 메뚜기가 들어가면 두 번, 가로 기둥에 메

뚜기가 들어가면 한 번 자치기를 할 수 있다. 그래서 메뚜기가 떨어진 곳까지 채로 그 길이를 재는데, 막대 한 길이가 '한 자'가 되는 것이다. 자 수가 많은 사람이 이긴다. 건미도 민속촌에서 아빠와 자치기 놀이를 해 본 적이 있었다. 태진이에게 이 정도 놀이는 당연히 식은 죽 먹기였다. 노는 것엔 누구한테도 뒤지지 않는 태진이다.

"자, 우선 원을 그려야 하는데……. 태진이가 그려 볼래?"

태진이는 두리번거리더니 대나무로 짠 소쿠리를 발견하

고는 그것을 대고 원을 그렸다. 모양이 어쩐지 비뚤비뚤했다.

"이번엔 건미가 그려 볼래?"

태식 오빠는 태진이가 그린 원이 마음에 들지 않는 모양이었다. 너무 컸기 때문일까? 아님 너무 작아서일까?

"오빠, 저 줄 좀 주세요."

태식 오빠는 옆에 있는 팽이 줄을 건네주었다. 건미는 줄을 적당히 잡더니 한쪽을 중심으로 고정시키고 다른 쪽을 뱅 돌려서 원을 그렸다. 소쿠리를 대고 그린 태진이의 원보다 더 동그랬다. 건미는 만족스러운지 빙그레 웃었다.

"태진이는 어떻게 원을 그릴 줄 알았니?"

"에이그, 동그랗게 생긴 게 원이니까 그렸지 뭐!"

태식이 형이 태진이의 못난이 원을 놀리려고 질문 같지도 않은 질문을 한다고 태진이는 생각했다. 화가 났다.

"그럼, 동그랗다는 것은 또 어떻게 알았니?"

"형, 나 지금 놀리는 거야? 동그란 것을 보고 배웠으니까 동그랗다는 걸 알지! 봐, 이 소쿠리가 동그랗잖아. 흥!"

태진이가 정말 화난 모양이다.

건미는 슬슬 태진이의 눈치를 보았다.

"미안, 미안. 놀리려고 하는 말이 아니야. 두 사람 모두

확실히 슬기로운 방법으로 원을 그렸어. 태진이도 자신이 경험한 것을 바탕으로 원을 그렸으니까. 그러나 굳이 따지자면 더 체계적이고 과학적인 방법으로 원을 그린 건 건미겠지."

건미는 우쭐했지만 태진이의 눈치를 살피느라 아무 말도 못 했다. '이 바보!' 하고 놀려 줄 수 있는 좋은 찬스였는데.

"건미의 원이 더 과학적이라고 말한 것은 바로 원의 개념을 알고 그 개념을 활용해서 원을 그렸기 때문이야. 너희들도 배웠지? 원이란 한 점에서 동일한 거리에 있는 점들의 집합이라는 거. 건미는 팽이 줄의 일정한 길이를 잡고 그것의 한쪽을 중심으로 잡고 원을 그렸어. 그건 팽이 줄의 적당한 길이를 반지름으로 해서 같은 거리에 있는 점들을 연결한 거야. 원의 개념을 정확히 알고 그린 셈이지."

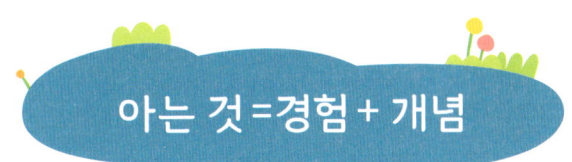

아는 것 = 경험 + 개념

"그럼, 형. 개념을 알아야 안다고 말할 수 있는 거야?"

건미 편을 드는 태식 오빠에게 태진이가 따지듯 물었다.

"물론 그건 아니지. 예를 들어, 의자의 개념을 알고 있다고 하자. '걸터앉는 데 쓰는 기구'가 의자의 개념인데, 이 개념만 가지고 과연 의자인지 구별할 수 있을까? 걸터앉을 수 있는 거라면 탁자도 있고 식탁도 괜찮고 상자도 있는데 말이야."

"그러고 보니까 세상에 걸터앉을 수 있는 건 의자뿐만 아니라 너무나 많네요?"

건미 생각도 태식 오빠와 같았다. 개념만으로는 안다고

할 수 없을 것만 같았다.

"맞아, 개념만 안다고 어떤 걸 아는 것은 아니야. 어떤 것에 대한 나름대로의 구체적인 모습을 그릴 줄 알아야지만 안다고 할 수 있는 것이지. 물론 이때 그린다는 것은 실제로 종이에다 진짜 모습처럼 똑같이 그릴 줄 알아야 한다는 뜻이 아니야. 마음속으로 구체적인 모습을 떠올릴 수 있어야 한다는 것이지. 컴퓨터의 개념을 알고 있다 해도 컴퓨터를 본 적이 한 번도 없다면 어떨까? 컴퓨터를 앞에 놓고도 그것이 컴퓨터인지 모를 게 뻔해. 한마디로 정리하자면, 원이 무엇인지를 알려면 원에 대한 개념만 있어서는 안 돼. 원의 생김새를 직접 그릴 수 있거나 적어도 마음속으로 떠올려 볼 수 있어야 하지. 그러려면 무엇이 필요할까?"

"음……. 원을 실제로 본 적이 있어야 하지 않을까?"

건미의 대답에 태식 오빠는 흡족한 미소를 띠었다.

"바로 그거야. 그래서 칸트 아저씨는 어떤 것을 안다는 것은 그것을 경험하고, 그것에 대한 개념을 가지고 있는 것이라고 했어."

"아하, 그렇구나. 눈으로 볼 수 있는 것은 보고, 귀로 들을 수 있는 것은 듣고, 만질 수 있는 것은 만져 보고, 이렇게 아는 것이 경험이고, 여기에 더해서 개념까지 알아야 그게 아는 것이야?"

태식 오빠는 건미의 또박또박한 대답에 고개를 끄덕이면서 빙긋 웃었다. 그런데 태진이는 태식이 형의 설명이 쉽게 이해가 갔지만 지루했다. 도대체 자치기는 언제 하려고 그러는지…….

"그건 그렇고, 형! 지금 우리 자치기하려고 했던 거 아니야?"

"하하하! 그래 맞아. 내가 또 샛길로 빠졌니?"

"말이라고?"

태진이가 언짢은 표정을 하며 팔짱을 꼈다.

"그래, 그럼 우리 순서를 정해야 하니까 가위바위보부터 하자."

세 사람은 가위바위보를 했다. 이긴 태진이가 신이 나서 채를 잡았다.

메뚜기가 동그라미 안에 들어갔다.

"야호! 난 세 번 치는 거야! 우리 백 자 내기했다. 기억하지?"

꼴찌인 건미는 시무룩하게 "그래." 하고 대답했다.

"얏!"

태진이가 메뚜기를 띄워 채로 쳤다. 아주 멀리 메뚜기가 날아갔다.

지식보다 더 소중한 것

　기대했던 것과 너무나 달랐지만, 세계 풍물 시장에서의 경험은 아마도 건미의 기억 속에 오래 남을 것 같았다. 별자리 체험관, 키다리 피에로 아저씨의 안경, 개구리 장난감, 타로점, 그리고 어설픈 케밥, 자치기……. 처음엔 시시하고 초라한 장터라고 생각했지만 실제로 경험하고 보니 정말 재미있고 유익한 것이 많았다. 특히 그곳에서 만난 사람들도 그렇고, 함께 간 태식 오빠와 태진이……. 정말 태식 오빠는 아는 것이 참 많았다. 건미가 몰랐던 칸트라는 철학자를 알게 되었고, 아는 것이 생각하는 것과는 다르다는 사실도 새롭게 알게 되었으니까. 또 새롭게 알게 된 사실은 태진이가 생각보다 그렇게 잘난 척, 아는 척만 하는 것이 아니라 실제로 많은 것을 알고 있고, 자신의 실수를 부끄러워할 줄 아는 착한 아이라는 것도 깨달았다. 티격태격 싸우긴 했지만 태진이 덕분에 더욱 즐거운 하루였다. 건미도 말끝마다 너무 잘난 척한다고 태진이 말을 무조건 안 들으려고 했던 것 같아 자꾸 미안한 마음이 들었다.

집으로 돌아오는 길은 그다지 차가 막히지 않았다. 창밖을 쳐다보며 이 생각 저 생각을 하던 건미는 점점 고개가 떨어지더니 꾸벅꾸벅 졸기 시작했다. 옆자리에 앉은 태진이는 어느새 코까지 골고 있었다. 태식 오빠도 졸음이 오는지 창문을 내려 바깥 공기를 쐬고 있었다. 그래도 안 되겠는지, 졸음을 쫓을 생각으로 건미와 태진이에게 말을 걸었다.

"얘들아, 그만 자고 일어나 봐. 내가 재미있는 얘기해 줄게. 너무 조용하니까 나까지 졸려."

"으…… 으응. 형이 졸리면 안 되지. 운전하는데……. 알았어, 일어날게. 그런데 무슨 재미있는 이야기야?"

태진이는 형이 졸음운전을 할까 봐 걱정이 되었는지 기지개를 켜고 일어났다. 건미도 재미있는 얘기라기에 귀가 솔깃했다.

"너희들 '다알아' 박사 이야기 모르지? 옛날 어느 나라에 자신이 이 세상에서 가장 똑똑하고 모르는 것이 없다고 믿는 다알아 박사님이 살고 계셨어. 이름만 들어도 거만함이 묻어날 정도지? 그러고 보니 태진이랑 비슷한가?"

"호호호, 진짜 태진이랑 비슷해요!"

"에이, 형! 자꾸 그러면 나 삐진다!"

태진이는 짐짓 토라진 체를 하고 고개를 돌렸지만, 귀는 여전히 태식 오빠가 들려주는 이야기에 솔깃했다.

"하하하! 미안, 미안. 이제부터 다알아 박사님의 얘기를 잘 들어 봐."

다알아 박사님은 과학이면 과학, 법학이면 법학, 경제학이면 경제학, 분야를 막론하고 아는 게 많은 척척박사였어. 그는 항상 자신의 지식을 뽐내고 다녔어. 길을 걸어 다닐 때도 머리를 꼿꼿이 세우고 도도하게 행동했지. 다알아 박사님의 해박함을 알고 있는 그 나라의 모든 사람은 박사님이 지나갈 때마다 존경심에 머리를 조아렸어. 그야말로 세상에 부러울 것이 하나도 없었겠지? 심지어 국왕도 다알아 박사님을 존경하며 굽실거릴 정도였으니까. 그래서인지 다알아

박사님은 이 세상 그 누구도 존경할 사람이 없었어. 자신보다 더 똑똑하고 위대한 사람은 없었으니까. 다알아 박사님이 존경하는 것은 오로지 자신의 해박한 지식뿐이었지.

그런데 다알아 박사님에게 갑자기 이상한 일이 생기기 시작했어. 어느 날 집에 불이 나서 가장 소중하게 여기던 책들 대부분이 불타 버린 거야. 그것도 모자라 부인이 몹쓸 병에 걸려서 몸져눕게 되었지 뭐야? 그러던 와중에 더 불행한 재앙이 닥쳤어! 이 세상 누구보다도 사랑하는 어린 아들이 시냇가에 헤엄을 치러 갔다가 갑작스러운 급류에 휘말려 실종되고 만 거야. 사람들은 다알아 박사님에게 닥친 엄청난 일들에 대해 수군거리기 시작했어.

"다알아 박사님에게 왜 이런 일이 일어나는 걸까?"

"그럴 줄 알았어. 학식은 많지만 자만하셨잖아."

"그래도 불쌍해. 감당하기 힘든 일들이 너무 많이 일어났어."

"불쌍하긴 뭐가 불쌍하다고 그래? 익은 벼일수록 고개를 숙이기 마련인데 자신만 제일 잘났다고 생각하고 우리 같은 사람들을 은근히 무시했잖아!"

"하긴 그래. 그렇게 다 안다면 자신의 일부터 미리 알아서 다 막았어야지."

사람들은 이런 식으로 수군거리기 시작했어. 자신에게 왜 이런 재앙이 닥치는지 이해할 수 없었던 다알아 박사님은 결국 자신답지 못한 선택을 하게 되었어. 이웃 나라에 사는 칸트라는 철학자에게 조언을 구하러 간 거지. 자신의 지식 외에 존경하는 것이 없는 사람이 말이야. 어쨌든 다알아 박사님이 칸트를 찾아갔어.

"소문을 들으셔서 아시겠지만, 제게 왜 이런 불행들이 닥치는지 도무지 이해할 수가 없답니다."

결코 비범해 보이지 않는 아주 평범한 모습의 철학자 칸트가 대답했어.

"선생님에게 일어난 불행한 일들은 저도 들어서 알고 있습니다. 참으로 안타까운 일입니다."

"그런 불행한 일들이 도대체 왜 제게 생기는 걸까요? 선생님이라면 혹시 알 수 있을 것이라 생각해서 답답한 마음에 여기까지 찾아왔답니다."

다소 실의에 찬 듯한 다알아 박사님의 말에 칸트가 이렇게 말했어.

"죄송합니다. 다알아 박사님. 그건 저도 알고 있지 않습

니다."

이 말에 다알아 박사님은 너무나 실망스러웠어.

"실망이군요. 선생께서는 혹시라도 제가 모르는 것을 알고 있을까 해서 왔더니 그렇지도 않군요. 결국 저보다 더 똑똑한 사람은 없는 모양입니다."

이렇게 말하며 돌아서려는데 칸트가 이런 말을 했지.

"박사님께서는 이 세상의 모든 지식을 가질 수 있다고 해도 한 가지 모르는 사실이 있습니다."

약간 불쾌함을 느낀 다알아 박사님이 놀라서 말했어.

"그게 뭐란 말이오?"

"그건 다름 아닌 이 세상에는 지식으로는 해결되지 않는 것들이 있다는 사실입니다. 박사님께 닥친 일들의 원인은 이 세상 어느 누구도 알 수 없으며 어떤 지식으로도 해결할 수가 없습니다."

"좀 더 자세하게 말해 주시오."

다급한 나머지 다알아 박사님은 칸트에게 매달렸어.

"이 세상에는 눈에 보이지 않는 것들이 많습니다. 가령 운명이나 신 등은 볼 수도 없고 또 알 수도 없는 것이지요. 우리 인간의 지식은 한편으로는 나약하기 이를 데 없어요.

그런데 자신의 지식만 믿고 자만한다면 그것은 오히려 인간에게 해악이 될 뿐입니다."

"그래서 어떡하란 말이오?"

"운명을 겸허하게 받아들이십시오. 그리고 박사님이 모든 것을 다 알 수 있다는 생각도 버리십시오."

모든 것을 다 안다고 자처했던 다알아 박사님은 칸트의 말을 완전히 이해하지 못한 채 결국 집으로 발길을 돌렸어. 그리고 철학자 칸트의 말을 여러 번 되새겨 보았지. 그러던 중 무언가를 깨달았어.

"그래 이제껏 내가 그 사실을 몰랐어. 나의 모든 지식과 학식은 완전하지 않다는 것을. 나는 자만했고, 나의 자만이 큰 화를 불렀어. 말하자면 나는 어떤 것에 대해서도 경건함을 갖지 못했던 거야."

집에 돌아온 다알아 박사님은 완전히 태도가 바뀌었어. 평소 같으면 이 불행한 일들을 받아들이지 못하고 주변 사람들을 닦달했을 테지만 체념한 듯 모든 일들을 겸허하게 받아들이기로 한 거야. 과거에는 하인에게 시켰을 일이지만, 부인의 병을 돌보는 일도 자신이 직접 했고, 길에 나가서 사람들과 마주칠 때에도 머리를 꼿꼿이 들지 않고 같이

숙여 인사했지. 그러던 어느 날 기적 같은 일들이 벌어졌어. 실종됐던 아들이 돌아온 거야. 물에 빠진 걸 누군가가 구해 줬던 모양이야. 그 누군가가 며칠 동안 의식을 잃었던 아들을 극진히 간호해서 몸이 회복되자 집으로 데려온 거래. 그 소식을 들은 박사님 부인도 병이 점점 나아졌어.

"비록 불타 버린 책들을 원상태로 되돌릴 수는 없었지만 그것이 오히려 다알아 박사님한테는 전화위복이 된 셈이지. 책보다 더 중요한 것을 깨쳤으니까. 얘들아, 그게 무엇일까?"

태진이가 뭔가를 크게 깨달았다는 듯이 고개를 끄덕이며 말했다.

"지식보다 더 위에 있는 것을 깨닫지 않았을까?"

"맞아, 바로 그거야. 지식보다 중요한 게 있어. 인간에 대한 존경심, 경건함과 신뢰야말로 지식보다 소중해. 칸트 아저씨는 이렇게 생각했어. 신이 존재하는지, 안 하는지를 증명할 수는 없어. 하지만 신이 존재한다고 믿고 항상 경건한 마음으로 인간을 존중하는 자세를 유지하는 것이 이 세상 무엇보다 중요한 법이라고 말이야. 이 말은 우리가 이성을 올바르게 사용해야 한다는 의미야."

태진이와 건미는 한참이나 말이 없었다.

태식 오빠의 말대로 이성을 가진 유일한 동물이 인간이다. 인간은 이성을 사용할 줄 안다. 그래서 생각할 수 있고, 지식을 쌓을 수도 있다. 그러나 그 이성을 그냥 사용하는 것이 아니라 올바르게 사용해야 한다.

"이성을 올바르게 사용하지 않으면 불행해질 수 있어. 예를 들면, 핵 기술은 위대한 과학적 발명이야. 하지만 그것을 함부로 사용하면 거꾸로 인간의 생명을 위협하잖아. 그런 재앙을 막기 위해서는 칸트 아저씨가 말한 대로 인간에 대한 존중과 신을 믿는 경건한 마음이 필요한 거란다."

건미는 자신이 올바르게 이성을 사용하고 있는지 생각해 보았다. 제일 먼저 떠오른 것이 이성적으로 생각하지 않고 감정적으로 상대방을 대한다는 것이었다. 오늘만 해도 태진이에게 얼마나 많이 잘난 척, 아는 척, 돼지라고 놀려 댔는지……. 금방 사과하겠다고 마음먹어 놓고 감정이 상하면 툴툴거리며 태진이를 놀려 댔다. 그런 자신의 행동이 건미는 자꾸 부끄러워졌다.

"태진아, 너 제법 아는 게 많더라. 내가 많이 배웠어."

어머? 태진이 얼굴이 빨개지네.

"근데…… 나 궁금한 게 하나 있어."

건미가 머뭇거리며 태진이에게 물었다.

"그래? 뭐든지 물어봐. 아는 만큼 대답해 줄게."

태진이가 으쓱했다. 건미에게 뭔가를 가르쳐 줄 수 있다는 사실이 좋았다. 건미는 말할까 말까 망설이다가 물었다.

"너, 아까 타로점 볼 때 마음속으로 뭘 생각했어? 뭘 생각했는데 길이 험난하지만 가 보라는 거야?"

태진이는 얼굴이 더욱 빨개지면서 머뭇거렸다. 예상하지 못한 건미의 질문이었다.

"그…… 그게, 이다음에 내가 커서 정말 여행가가 될 수 있나 생각했어. 내 꿈은 세계를 두루 다니는 여행가거든. 아직 세계를 여행하기엔 어린 나이지만 지구의를 보면서 날마다 꿈을 꿔. 근데…… 동무와 함께 하라니 아마도 너와 함께 가려나 보다."

건미는 기분이 좋아졌다. 세계 여행이라니. 책을 많이 읽은 태진이가 여행가가 되어 실제로 여러 나라들을 함께 여행한다면 책에 알려진 것보다 더 많은 것을 배울 수 있겠지. 상상만 해도 즐거운 일이다.

"근데 넌 마음속으로 무슨 생각을 했기에 타로점 언니가 아니라고 한 거야? 보이는 것만 믿지 말고 마음으로 보라는 건 또 무슨 말이고?"

건미는 대답도 않고 웃기만 했다. 대답을 할 수 없기 때문이었다. 태진이는 몹시 궁금하다는 표정으로 건미를 뚫어져라 쳐다봤지만 건미는 대답을 하지 않았다. 정말이지 건미가 마음속으로 생각한 것이 무엇인지 궁금했다.

건미는 룸미러 속의 태식 오빠를 쳐다보았다. 운전에 집중하고 있었다. 건미는 슬그머니 태진이에게 손을 내밀었다.

"미안해. 자꾸 잘난 척, 아는 척한다고 놀려서. 괜히 부러워서 그렇게 말한 거야."

건미는 용기를 내서 먼저 사과한 자신이 정말 놀라웠다.

"헤헤, 나도 당연히 미안하지. 너 바보 아니야. 괜히 심술부리고 약 올린 거야. 바보라고 하면 불끈 성을 내는 네 모습을 보려고 일부러 말이야. 미안해!"

사과를 기꺼이 받아 주고 미안하다고 말하는 태진이가 건미는 더 놀라웠다. 그런 반응이 나올 거라고는 전혀 생각지 못했기 때문이다. 건미와 태진이는 서로 손을 잡고 화해했다.

악수를 하며 건미가 생각했다. 타로점이 실제로 맞는지 안 맞는지는 증명할 수 없지만 인간을 존중하는 마음을 가지면 그것이 정말 꼭 들어맞는다는 사실을 말이다. 오늘 건미는 재미있는 경험뿐 아니라 칸트의 중요한 철학도 배웠다. 특히 이성을 올바르게 사용하라는 가르침을 아주 잘 실천한 것 같다.

그런데 아직도 궁금하다고요? 건미가 타로점에서 마음속으로 어떤 질문을 했는지?

그건 바로!

'태진이는 정말 나를 바보로 생각하는 걸까?'였다.

네 생각은 어때?

칸트 아저씨는 신, 위도와 경도, 날짜선 등은 실제로 존재하는 것들이 아니라고 말하면서도 그것이 우리 삶을 위해서 반드시 필요하다고 말합니다. 이렇게 실제로 존재하지 않는 것들이 우리에게 꼭 필요한 이유는 무엇일까요?

▶풀이는 192쪽에

철학자의 생각

보지 않은 귀신을
그릴 수 있는 이유는?

여러분 모두 원을 그릴 줄 알죠? 어떻게 하면 가장 정확한 원을 그릴 수가 있을까요?

태진이는 동그란 소쿠리를 대고 원을 그렸고, 건미는 연필에다 줄을 메고 줄의 다른 한쪽을 점에 고정시킨 채 연필을 빙 돌려 그렸어요. 아무래도 건미의 방법이 더 체계적이고 과학적인 방법인 것 같네요. 아울러 '원은 한 점에서 같은 거리에 있는 점들의 집합이다.'라는 원의 정의를 아주 잘 활용한 방법인 듯합니다.

그런데 확실한 사실 한 가지가 있습니다. 건미나 태진이는 모두 원이 어떤 것인지 알고 있다는 사실이죠. 그렇기 때문에 태식 오빠가 원을 그리라고 했을 때 원을 어렵지 않게 그릴 수 있었어요.

한번 생각해 보세요. '원은 한 점에서 같은 거리에 있는 점들의 집합이다.'라는 원의 정의는 알고 있지만 원을 한 번도 본 적이 없는 사람이 있다고 해 보세요. 그 사람이 과연 원을 제대로 그릴 수 있을까요? 거의 불가능하지 않을까요?

안다는 것은 직접 보았거나 상상할 수 있는 것

우리는 적어도 그것을 직접 보거나 최소한 상상할 수 있는 것만을 안다고 할 수 있답니다. 예를 들면 우리가 귀신을 그린다고 하면 제각각 다양한 모습의 귀신을 그릴 것입니다. 물론 모두 귀신을 직접 본 적은 없습니다. 하지만 귀신을 그릴 수는 있어요. 왜냐하면 텔레비전이나 영화, 혹은 만화 등에서 숱하게 보았으니까요. 만약 책이나 영화, 만화 등에서 귀신을 한 번도 본 적이 없었다면 귀신을 그릴 수 없었을 거예요.

칸트 아저씨가 여기서 하고 싶었던 이야기는, 어떤 것이든지 우리가 안다고 하는 것은 직접 보았거나 상상할 수 있는 것이어야 한다는 거지요.

즐거운 독서 퀴즈

1 다음은 칸트의 철학적 생각을 담은 문장이에요. (   ) 안에 들어가는 단어를 써 보세요.

> 컴퓨터의 (❶   )은 "전자 회로를 이용한 고속의 자동 계산기"이다. 이렇듯 사물의 (❷   )을 알고 있다 해도 한 번도 컴퓨터를 본 적이 없다면 어떨까? 컴퓨터를 앞에 놓고서도 컴퓨터인지 모를 게 뻔하다. 그러므로 컴퓨터를 안다고 말할 수 있으려면 컴퓨터를 실제로 (❸   )해 보고 그것의 (❹   ) 또한 알고 있어야 한다. 그래서 칸트는 어떤 것을 안다는 것은, 그것을 (❺   )하고 그것에 대한 (❻   )을 가지고 있어야 한다고 말했다.

정답

❶ 개념 ❷ 개념 ❸ 경험
❹ 개념 ❺ 경험 ❻ 개념

2 왼쪽 개념 설명을 보고 이에 알맞은 용어를 선으로 연결해 보세요.

한 점에서 같은 거리에 있는 점들의 집합 •   • 의자

걸터앉는 데 쓰는 기구 •   • 컴퓨터

전자 회로를 이용한 고속의 자동 계산기 •   • 원

정답

한 점에서 같은 거리에 있는 점들의 집합 - 원
걸터앉는 데 쓰는 기구 - 의자
전자 회로를 이용한 고속의 자동 계산기 - 컴퓨터

네 생각은 어때? 문제 풀이

41p

코페르니쿠스의 지동설이 갖는 참된 의미는 그저 우주의 중심을 지구에서 태양으로 바꾸었다는 것이 아닙니다. 천동설은 상식적으로 보기에도 그럴싸한 이론입니다. 우리는 학교에서 이미 지동설을 배웠기 때문에 잘 알고 있지만, 당시 사람들의 눈에는 천동설이야말로 너무나 자명한 것처럼 보였을 것입니다.

코페르니쿠스의 혁명이 갖는 의미는 바로 이것입니다. 눈에 보이는 대로 세상을 설명하기보다는 오히려 눈에 보이지 않는 어떤 원리를 제시하고 그것을 통해서 세상을 설명하는 것이지요. 생각한다는 것은 눈에 보이는 그대로 따르는 것이 아닙니다. 우리 눈에 보이는 그대로를 따르기보다는 오히려 그것을 거부하고 다른 방식으로 새롭게 생각하는 것이야말로 철학하는 태도의 시작인 것입니다. 코페르니쿠스는 바로 이렇게 철학하는 방법을 우리에게 가르쳐 준 것입니다.

65p

칸트 아저씨에 따르면, 우리 눈으로 보거나 귀로 듣는 것은 이 세상의 참모습이라고 할 수 없습니다. 우리들에게 그렇게 보이거나 들릴 뿐이니까요. 예를 들면 쉽게 이해할 수 있겠지요. 여러분이 빨간색 옷을 입고 있다고 해 보세요. 옷 색깔은 분명 빨간색임에 틀림없고 색맹이 아닌 한 누구나 다 빨간색이라고 대답을 할 것입니다. 하지만 만약 우리 인간과 다른 눈을 가진 존재가 있다고 해 보죠. 예를 들어 여러분들이 제일 귀여워하는 강아지를 생각해 보세요. 강아지의 눈에는 그 빨간색 옷이 빨간색으로 보이지 않는답니다. 우리 눈에 빨간색으로 보일 뿐이죠. 그렇기 때문에 우리 눈으로 보거나 귀로 듣는 것이 세상의 참모습이라고 할 수는 없습니다.

111p

칸트 아저씨가 이성을 법정에 세운 것은 이성이 자신의 권한을 넘어서 자신의 힘을 행사하려 했기 때문입니다. 이성이란 인간 최고의 능력으로 추앙받아 왔습니다. 그런 이성을 법정에 세운 데에는 충분한 이유가 있습니다.

인간이 덧셈과 뺄셈, 심지어 엄청난 수학적 수식도 척척 풀어낼 수 있는 것은 모두 이성 덕분이지요. 게다가 해야 할 일과 해서는 안 될 일을 분간할 수 있는 것도 모두 이성 덕분입니다.

이렇게 이성은 위대한 능력을 갖고 있지만, 자칫 자만에 빠질 경우 사람들을 기만할 수도 있습니다. 가령 신의 존재라든지, 죽은 뒤 영혼의 불멸이라든지 하는 문제는 도저히 증명할 수가 없습니다. 그런데 간혹 이성은 이런 문제들을 해결할 수 있다고 자처하지요. 이것은 이성이 할 수 없는 일을 할 수 있다고 우기는 것입니다. 칸트 아저씨는 이성을 법정에 세우고 이성이 할 수 있는 일과 그렇지 못한 일을 뚜렷하게 구분해야 한다고 말하고 있는 것입니다.

137p

어떤 것을 그저 막연하게 알고 있다고 해서 그것에 대해서 정확하게 알고 있다고 할 수는 없습니다. 예를 들어 보죠. 요즘은 대부분 자동 카메라를 사용합니다. 자동 카메라는 예전의 카메라에 비해서 다루기가 무척 간편합니다. 예전에는 사진을 제대로 찍기 위해서는 초점을 맞추고 조리개의 크기를 각각 조절해 주어야 했습니다. 이제는 전혀 그럴 필요가 없지요. 누구나 셔터만 누르면 사진이 찍힙니다. 카메라를 쉽게 찍을 수 있게 된 것이지요. 카메라의 원리 따위는 알 필요도 없습니다.

하지만 정말 사진을 잘 찍기 위해서는 카메라의 원리를 잘 알아야 합니다. 그래야지만 제대로 된 사진을 찍을 수 있기 때문입니다. 사진을 찍는 전문가들은 카메라의 원리를 알아야 합니다. 전문가와 일반인의 차이점은 카메라를 제대로 알고 있느냐, 그렇지 못하느냐에 있습니다. 우리가 어떤 것을 제대로 정확하게 안다는 것은 그저 막연하게 알고 있는 것과는 다르답니다.

153p

칸트 아저씨에 따르면, 닭이 먼저인지 달걀이 먼저인지의 문제는 결코 우리 이성으로는 알 수 없습니다. 우주의 시작이 있는지 없는지도 마찬가지입니다.

만약 닭이 먼저라면 그 닭은 어디서 나왔을까요? 당연히 달걀에서 부화되어 나와야 할 테니 달걀이 먼저라는 결론이 나올 것입니다. 반대로 달걀이 먼저라고 칩시다. 그렇다면 그 달걀은 어떻게 만들어졌을까요? 달걀은 닭에서 나올 수밖에 없을 것입니다. 그러니까 달걀이 먼저라거나 닭이 먼저라고 말할 수가 없는 것입니다.

칸트 아저씨는 이렇게 답이 나올 수 없는 문제에 대해서 우리가 억지로 답을 내려서는 안 된다고 했습니다.

183p

날짜선은 실제로는 존재하지 않습니다. 하지만 날짜선을 정해 놓아야 지구 모든 곳의 시간을 체계적으로 정할 수가 있답니다. 우리나라의 시간이 오후 10시일 때 뉴욕의 시간이 오전 8시인 것은 바로 날짜선이 있기 때문이랍니다.

또한 위도와 경도는 실제로는 없지만 지구상의 정확한 위치를 파악할 때 반드시 필요합니다. 비행기가 하늘을 날아서 정확한 목표 지점에 착륙하기 위해서도 필요하며, 혹시라도 비행기가 산속에서 조난당했을 경우 그 위치를 파악하기 위해 필요합니다.

    신의 존재도 마찬가지입니다. 칸트 아저씨는 신이 존재한다고 믿고 사는 것과 신이 존재하지 않는다고 생각하며 사는 것은 크게 다르다고 말합니다. 신이 존재한다고 생각하면 살아 있는 동안 죄를 짓지 않으려고 노력하게 될 것입니다. 그렇기 때문에 칸트 아저씨의 생각대로 실제로 존재하지 않는 것들도 실제로 존재하는 것들보다 훨씬 더 우리 삶에서 중요할 수 있는 법이죠.

칸트가 들려주는 순수이성 비판 이야기
위대하고 어리석은 인간의 이성

ⓒ 박영욱, 2006

초 판 1쇄 발행일 2006년 1월 25일
개정판 1쇄 발행일 2019년 8월 26일

지은이   박영욱
그림   박정석
펴낸이   정은영
편집   최성휘
디자인   안선주 김혜원 서은영
마케팅   이재욱 백민열 하재희 한지혜
제작   홍동근

펴낸곳   (주)자음과모음
출판등록 2001년 11월 28일 제2001-000259호
주소   04047 서울시 마포구 양화로6길 49
전화   편집부 (02)324-2347 경영지원부 (02)325-6047
팩스   편집부 (02)324-2348 경영지원부 (02)2648-1311
e-mail   jamoteen@jamobook.com

ISBN 978-89-544-4003-5 (73810)

잘못된 책은 구입처에서 교환해드립니다.
저자와의 협의하에 인지는 붙이지 않습니다.

이 도서의 국립중앙도서관 출판예정도서목록(CIP)은 서지정보유통지원시스템
홈페이지(http://seoji.nl.go.kr)와 국가자료공동목록시스템(http://www.nl.go.kr/kolisnet)에서
이용하실 수 있습니다. (CIP제어번호: CIP2019031794)

이 책은 『칸트가 들려주는 순수이성 비판 이야기』(2006)의 개정증보판입니다.